U0107718

中外哲学典籍大全

总主编 李铁映 王伟光

外国哲学典籍卷

圣 教 论

〔印度〕乔荼波陀 著

巫白慧 译释

商务印书馆
The Commercial Press
创于1897

Gauḍapāda

ĀGAMA—ŚĀSTRA

国家哲学社会科学
"七五"重点课题研究成果

中外哲学典籍大全

总主编 李铁映　王伟光

顾　问（按姓氏笔画排序）

王树人　邢贲思　汝　信　李景源　杨春贵　张世英　张立文

张家龙　陈先达　陈晏清　陈筠泉　黄心川　曾繁仁　楼宇烈

学术委员（按姓氏笔画排序）

万俊人　马　援　丰子义　王立胜　王南湜　王柯平　王　博

冯颜利　任　平　刘大椿　江　怡　孙正聿　李存山　李景林

杨　耕　汪　晖　张一兵　张汝伦　张志伟　张志强　陈少明

陈　来　陈学明　欧阳康　尚　杰　庞元正　赵汀阳　赵剑英

赵敦华　倪梁康　徐俊忠　郭齐勇　郭　湛　韩庆祥　韩　震

傅有德　谢地坤

总编辑委员会

主　任 王立胜

副主任 张志强　冯颜利　王海生

委　员（按姓氏笔画排序）

甘绍平　仰海峰　刘森林　杜国平　李　河　吴向东　陈　鹏

陈　霞　欧阳英　单继刚　赵汀阳　郝立新

外国哲学典籍卷

学术委员会

主　任　汝　信

委　员（按姓氏笔画排序）

马寅卯　王　齐　王　颂　冯　俊　冯颜利　江　怡　孙向晨

孙周兴　李文堂　李　河　张志伟　陈小文　赵汀阳　倪梁康

黄裕生　韩水法　韩　震　詹文杰

编辑委员会

主　任　马寅卯

委　员（按姓氏笔画排序）

邓　定　冯嘉荟　吕　超　汤明洁　孙　飞　李　剑　李婷婷

吴清原　佘瑞丹　冷雪涵　张天一　张桂娜　陈德中　赵　猛

韩　骁　詹文杰　熊至立　魏　伟

中外哲学典籍大全
总　　序

　　《中外哲学典籍大全》的编纂,是一项既有时代价值又有历史意义的重大工程。

　　中华民族经过了近一百八十年的艰苦奋斗,迎来了中国近代以来最好的发展时期,迎来了奋力实现中华民族伟大复兴的时期。中华民族只有总结古今中外的一切思想成就,才能并肩世界历史发展的大势。为此,我们须要编纂一部汇集中外古今哲学典籍的经典集成,为中华民族的伟大复兴、为人类命运共同体的建设、为人类社会的进步,提供哲学思想的精粹。

　　哲学是思想的花朵、文明的灵魂、精神的王冠。一个国家、民族,要兴旺发达,拥有光明的未来,就必须拥有精深的理论思维,拥有自己的哲学。哲学是推动社会变革和发展的理论力量,是激发人的精神砥石。哲学能够解放思想,净化心灵,照亮人类前行的道路。伟大的时代需要精邃的哲学。

一　哲学是智慧之学

　　哲学是什么? 这既是一个古老的问题,又是哲学永恒的话题。追问"哲学是什么",本身就是"哲学"问题。从哲学成为思维的那一天起,哲学家们就在不停的追问中发展、丰富哲学的篇章,给出一张又一张答卷。每个时代的哲学家对这个问题都有自己的诠释。哲学是什么,是悬在人类智慧面前的永恒之问,这正是哲学之为哲学的基本特点。

哲学是全部世界的观念形态、精神本质。人类面临的共同问题,是哲学研究的根本对象。本体论、认识论、世界观、人生观、价值观、实践论、方法论等,仍是哲学的基本问题,是哲学的生命力所在!哲学研究的是世界万物的根本性、本质性问题。人们已经对哲学作出许多具体定义,但我们可以尝试再用"遮诠"的方式描述哲学的一些特点,从而使人们加深对"何为哲学"的认识。

哲学不是玄虚之观。哲学来自人类实践,关乎人生。哲学对现实存在的一切追根究底、"打破砂锅问到底"。它不仅是问"是什么(being)",而且主要是追问"为什么(why)",特别是追问"为什么的为什么"。它关注整个宇宙,关注整个人类的命运,关注人生。它关心柴米油盐酱醋茶和人的生命的关系,关心人工智能对人类社会的挑战。哲学是对一切实践经验的理论升华,它关心具体现象背后的根据,关心"人类如何会更好"。

哲学是在根本层面上追问自然、社会和人本身,以彻底的态度反思已有的观念和认识,从价值理想出发把握生活的目标和历史的趋势,从而展示了人类理性思维的高度,凝结了民族进步的智慧,寄托了人们热爱光明、追求真善美的情怀。道不远人,人能弘道。哲学是把握世界、洞悉未来的学问,是思想解放与自由的大门!

古希腊的哲学家们被称为"望天者"。亚里士多德在《形而上学》一书中说："最初人们通过好奇－惊赞来做哲学。"如果说知识源于好奇的话，那么产生哲学的好奇心，必须是大好奇心。这种"大好奇心"只为一件"大事因缘"而来。所谓"大事"，就是天地之间一切事物的"为什么"。哲学精神，是"家事、国事、天下事，事事要问"，是一种永远追问的精神。

哲学不只是思想。哲学将思维本身作为自己的研究对象之一，对思想本身进行反思。哲学不是一般的知识体系，而是把知识概念作为研究的对象，追问"什么才是知识的真正来源和根据"。哲学的"非对象性"的思维方式，不是"纯形式"的推论原则，而有其"非对象性"之对象。哲学不断追求真理，是认识的精粹，是一个理论与实践兼而有之的过程。哲学追求真理的过程本身就显现了哲学的本质。天地之浩瀚，变化之奥妙，正是哲思的玄妙之处。

哲学不是宣示绝对性的教义教条，哲学反对一切形式的绝对。哲学解放束缚，意味着从一切思想教条中解放人类自身。哲学给了我们彻底反思过去的思想自由，给了我们深刻洞察未来的思想能力。哲学就是解放之学，是圣火和利剑。

哲学不是一般的知识。哲学追求"大智慧"。佛教讲"转识成智"，"识"与"智"之间的关系相当于知识与哲学的关系。一般知识是依据于具体认识对象而来的、有所依有所待的"识"，而哲学则是超越于具体对象之上的"智"。

公元前六世纪，中国的老子说："大方无隅，大器晚成，大音希声，大象无形，道隐无名。夫唯道，善贷且成。"又说："反者道之动，弱者道之用。天下万物生于有，有生于无。"对"道"的追求就是对有之为有、无形无名的探究，就是对"天地何以如此"的探究。这种追求,使得哲学具有了天地之大用,具有了超越有形有名之有限经验的大智慧。这种大智慧、大用途,超越一切限制的篱笆,具有趋向无限的解放能力。

哲学不是经验科学,但又与经验有联系。哲学从其诞生之日起,就包含于科学形态之中,是以科学形态出现的。哲学是以理性的方式、概念的方式、论证的方式来思考宇宙与人生的根本问题。在亚里士多德那里,凡是研究"实体(ousia)"的学问,都叫作"哲学"。而"第一实体"则是存在者中的"第一个"。研究"第一实体"的学问被称为"神学",也就是"形而上学",这正是后世所谓"哲学"。一般意义上的科学正是从"哲学"最初的意义上赢得自己最原初的规定性的。哲学虽然不是经验科学,却为科学划定了意义的范围,指明了方向。哲学最后必定指向宇宙、人生的根本问题,大科学家的工作在深层意义上总是具有哲学的意味,牛顿和爱因斯坦就是这样的典范。

哲学既不是自然科学,也不是文学、艺术,但在自然科学的前头,哲学的道路展现了;在文学、艺术的山顶,哲学的天梯出现了。哲学不断地激发人的探索和创造精神,使人在认识世界的过程中不断达到新境界,在改造世界的过程中从必然王国到达自由王国。

哲学不断从最根本的问题再次出发。哲学史在一定意义上就是不断重构新的世界观、认识人类自身的历史。哲学的历史呈现,正是对哲学的创造本性的最好说明。哲学史上每一个哲学家对根本问题的思考,都在为哲学添加新思维、新向度,犹如为天籁山上不断增添一只只黄鹂、翠鸟。

如果说哲学是哲学史的连续展现中所具有的统一性特征,那么这种"一"是在"多"个哲学的创造中实现的。如果说每一种哲学体系都追求一种体系性的"一"的话，那么每种"一"的体系之间都存在着千丝相联、多方组合的关系。这正是哲学史昭示于我们的哲学之多样性的意义。多样性与统一性的依存关系，正是哲学寻求现象与本质、具体与普遍相统一的辩证之意义。

哲学的追求是人类精神的自然趋向，是精神自由的花朵。哲学是思想的自由，是自由的思想。

中国哲学是中华民族五千年文明传统中最为内在、最为深刻、最为持久的精神追求和价值观表达。中国哲学已经化为中国人的思维方式、生活态度、道德准则、人生追求、精神境界。中国人的科学技术、伦理道德、小家大国、中医药学、诗歌文学、绘画书法、武术拳法、乡规民俗，乃至日常生活都浸润着中国哲学的精神。华夏文明虽历经磨难而能够透魄醒神、坚韧屹立，正是来自于中国哲学深邃的思维和创造力。

先秦时代，老子、孔子、庄子、孙子、韩非子等诸子之间的百家争鸣，就是哲学精神在中国的展现，是中国人思想解放的第一次大爆发。两汉四百多年的思想和制度，是诸子百家思想在争鸣过程中大整合的结果。魏晋之际玄学的发生，则是儒道冲破各自藩篱、彼此互动互补的结果，形成了儒家独尊的态势。隋唐三百年，佛教深入中国文化，又一次带来了思想的大融合和大解放。禅宗的形成就是这一融合和解放的结果。两宋三百多年，中国哲学迎来了第三次大解放。儒释道三教之间的互润互持日趋深入，朱熹的理学和陆象山的心学，就是这一思想潮流的哲学结晶。

与古希腊哲学强调沉思和理论建构不同，中国哲学的旨趣在于实践人文关怀,它更关注实践的义理性意义。在中国哲学当中,知与行从未分离,有着深厚的实践观点和生活观点。伦理道德观是中国哲学的贡献。马克思说:"全部社会生活在本质上是实践的。"实践的观点、生活的观点也正是马克思主义认识论的基本观点。这种哲学上的契合性,正是马克思主义能够在中国扎根并不断中国化的哲学原因。

"实事求是"是中国的一句古话,在今天已成为深邃的哲理,成为中国人的思维方式和行为基准。实事求是就是解放思想,解放思想就是实事求是。实事求是是毛泽东思想的精髓,是改革开放的基石。只有解放思想才能实事求是。实事求是就是中国人始终坚持的哲学思想。实事求是就是依靠自己,走自己的道路,反对一切绝对观念。所谓中国化就是一切从中国实际出发,一切理论必须符合中国实际。

二 哲学的多样性

实践是人的存在形式,是哲学之母。实践是思维的动力、源泉、价值、标准。人们认识世界、探索规律的根本目的是改造世界、完善自己。哲学问题的提出和回答都离不开实践。马克思有句名言:"哲学家们只是用不同的方式解释世界,而问题在于改变世界。"理论只有成为人的精神智慧,才具有改变世界的力量。

哲学关心人类命运。时代的哲学,必定关心时代的命运。对时代命运的关心就是对人类实践和命运的关心。人在实践中产生的一切都具有现实性。哲学的实践性必定带来哲学的现实性。哲学的现实性就是强调人在不断回答实践中的各种问题时应该具有的态度。

哲学作为一门科学是现实的。哲学是一门回答并解释现实的学问；哲学是人们联系实际、面对现实的思想。可以说哲学是现实的最本质的理论，也是本质的最现实的理论。哲学始终追问现实的发展和变化。哲学存在于实践中，也必定在现实中发展。哲学的现实性要求我们直面实践本身。

哲学不是简单跟在实践后面，成为当下实践的"奴仆"，而是以特有的深邃方式，关注着实践的发展，提升人的实践水平，为社会实践提供理论支撑。从直接的、急功近利的要求出发来理解和从事哲学，无异于向哲学提出它本身不可能完成的任务。哲学是深沉的反思、厚重的智慧，是对事物的抽象、理论的把握。哲学是人类把握世界最深邃的理论思维。

哲学是立足人的学问，是人用于理解世界、把握世界、改造世界的智慧之学。"民之所好，好之，民之所惠，惠之。"哲学的目的是为了人。用哲学理解外在的世界，理解人本身，也是为了用哲学改造世界、改造人。哲学研究无禁区，无终无界，与宇宙同在，与人类同在。

存在是多样的，发展亦是多样的，这是客观世界的必然。宇宙万物本身是多样的存在，多样的变化。历史表明，每一民族的文化都有其独特的价值。文化的多样性是自然律，是动力，是生命力。各民族文化之间的相互借鉴、补充浸染，共同推动着人类社会的发展和繁荣，这是规律。对象的多样性、复杂性，决定了哲学的多样性；即使对同一事物，人们也会产生不同的哲学认识，形成不同的哲学派别。哲学观点、思潮、流派及其表现形式上的区别,来自于哲学的时代性、地域性和民族性的差异。世界哲学是不同民族的哲学的荟萃。多样性构成了世界,百花齐放形成了花园。不同的民族会有不同风格的哲学。恰恰是哲学的民族性,使不同的哲学都可以在世界舞台上演绎出各种"戏剧"。不同民族即使有相似的哲学观点,在实践中的表达和运用也会各有特色。

人类的实践是多方面的,具有多样性、发展性,大体可以分为:改造自然界的实践、改造人类社会的实践、完善人本身的实践、提升人的精神世界的精神活动。人是实践中的人,实践是人的生命的第一属性。实践的社会性决定了哲学的社会性,哲学不是脱离社会现实生活的某种遐想,而是社会现实生活的观念形态,是文明进步的重要标志,是人的发展水平的重要维度。哲学的发展状况,反映着一个社会人的理性成熟程度,反映着这个社会的文明程度。

哲学史实质上是对自然史、社会史、人的发展史和人类思维史的总结和概括。自然界是多样的,社会是多样的,人类思维是多样的。所谓哲学的多样性,就是哲学基本观念、理论学说、方法的异同,是哲学思维方式上的多姿多彩。哲学的多样性是哲学的常态,是哲学进步、发展和繁荣的标志。哲学是人的哲学,哲学是人对事物的自觉,是人对外界和自我认识的学问,也是人把握世界和自我的学问。哲学的多样性,是哲学的常态和必然,是哲学发展和繁荣的内在动力。一般是普遍性,特色也是普遍性。从单一性到多样性,从简单性到复杂性,是哲学思维的一大变革。用一种哲学话语和方法否定另一种哲学话语和方法,这本身就不是哲学的态度。

多样性并不否定共同性、统一性、普遍性。物质和精神、存在和意识,一切事物都是在运动、变化中的,是哲学的基本问题,也是我们的基本哲学观点!

当今的世界如此纷繁复杂,哲学多样性就是世界多样性的反映。哲学是以观念形态表现出的现实世界。哲学的多样性,就是文明多样性和人类历史发展多样性的表达。多样性是宇宙之道。

哲学的实践性、多样性还体现在哲学的时代性上。哲学总是特定时代精神的精华,是一定历史条件下人的反思活动的理论形态。在不同的时代,哲学具有不同的内容和形式。哲学的多样性,也是历史时代多样性的表达,让我们能够更科学地理解不同历史时代,更为内在地理解历史发展的道理。多样性是历史之道。

哲学之所以能发挥解放思想的作用,原因就在于它始终关注实践,关注现实的发展;在于它始终关注着科学技术的进步。哲学本身没有绝对空间,没有自在的世界,只能是客观世界的映象、观念的形态。没有了现实性,哲学就远离人,远离了存在。哲学的实践性说到底是在说明哲学本质上是人的哲学,是人的思维,是为了人的科学! 哲学的实践性、多样性告诉我们,哲学必须百花齐放、百家争鸣。哲学的发展首先要解放自己,解放哲学,也就是实现思维、观念及范式的变革。人类发展也必须多途并进、交流互鉴、共同繁荣。采百花之粉,才能酿天下之蜜。

三　哲学与当代中国

中国自古以来就有思辨的传统,中国思想史上的百家争鸣就是哲学繁荣的史象。哲学是历史发展的号角。中国思想文化的每一次大跃升,都是哲学解放的结果。中国古代贤哲的思想传承至今,他们的智慧已浸入中国人的精神境界和生命情怀。

中国共产党人历来重视哲学。1938 年,毛泽东同志在抗日战争最困难的时期,在延安研究哲学,创作了《实践论》和《矛盾论》,推动了中国革命的思想解放,成为中国人民的精神力量。

中华民族的伟大复兴必将迎来中国哲学的新发展。当代中国必须要有自己的哲学,当代中国的哲学必须要从根本上讲清楚中国道路的哲学内涵。中华民族的伟大复兴必须要有哲学的思维,必须要有不断深入的反思。发展的道路就是哲思的道路;文化的自信就是哲学思维的自信。哲学是引领者,可谓永恒的"北斗",哲学是时代的"火焰",是时代最精致最深刻的"光芒"。从社会变革的意义上说,任何一次巨大的社会变革,总是以理论思维为先导。理论的变革总是以思想观念的空前解放为前提,而"吹响"人类思想解放第一声"号角"的,往往就是代表时代精神精华的哲学。社会实践对于哲学的需求可谓"迫不及待",因为哲学总是"吹响"新的时代的"号角"。"吹响"中国改革开放之"号角"的,正是"解放思想""实践是检验真理的唯一标准""不改革死路一条"等哲学观念。"吹响"新时代"号角"的是"中国梦""人民对美好生活的向往,就是我们奋斗的目标"。发展是人类社会永恒的动力,变革是社会解放的永恒的课题,思想解放、解放思想是无尽的哲思。中国正走在理论和实践的双重探索之路上,搞探索没有哲学不成!

中国哲学的新发展,必须反映中国与世界最新的实践成果,必须反映科学的最新成果,必须具有走向未来的思想力量。今天的中国人所面临的历史时代,是史无前例的。14 亿人齐步迈向现代化,这是怎样的一幅历史画卷！是何等壮丽、令人震撼！不仅中国亘古未有,在世界历史上也从未有过。当今中国需要的哲学,是结合天道、地理、人德的哲学,是整合古今中外的哲学,只有这样的哲学才是中华民族伟大复兴的哲学。

当今中国需要的哲学,必须是适合中国的哲学。无论古今中外,再好的东西,也需要经过再吸收、再消化,经过现代化、中国化,才能成为今天中国自己的哲学。哲学的目的是解放人,哲学自身的发展也是一次思想解放,也是人的一次思维升华、羽化的过程。中国人的思想解放,总是随着历史不断进行的。历史有多长,思想解放的道路就有多长;发展进步是永恒的,思想解放也是永无止境的;思想解放就是哲学的解放。

习近平同志在 2013 年 8 月 19 日重要讲话中指出,思想工作就是"引导人们更加全面客观地认识当代中国、看待外部世界"。这就需要我们确立一种"知己知彼"的知识态度和理论立场,而哲学则是对文明价值核心最精炼和最集中的深邃性表达,有助于我们认识中国、认识世界。立足中国、认识中国,需要我们审视我们走过的道路;立足中国、认识世界,需要我们观察和借鉴世界历史上的不同文化。中国"独特的文化传统"、中国"独特的历史命运"、中国"独特的基本国情",决定了我们必然要走适合自己特点的发展道路。一切现实的、存在的社会制度,其形态都是具体的,都是特色的,都必须是符合本国实际的。抽象的或所谓"普世"的制度是不存在的。同时,我们要全面、客观地"看待外部世界"。研究古今中外的哲学,是中国认识世界、认识人类史、认识自己未来发展的必修课。今天中国的发展不仅要读中国书,还要读世界书。不仅要学习自然科学、社会科学的经典,更要学习哲学的经典。当前,中国正走在实现"中国梦"的"长征"路上,这也正是一条思想不断解放的道路!要回答中国的问题,解释中国的发展,首先需要哲学思维本身的解放。哲学的发展,就是哲学的解放,这是由哲学的实践性、时代性所决定的。哲学无禁区、无疆界。哲学关乎宇宙之精神,关乎人类之思想。哲学将与宇宙、人类同在。

四　哲学典籍

《中外哲学典籍大全》的编纂,是要让中国人能研究中外哲学经典,吸收人类思想的精华;是要提升我们的思维,让中国人的思想更加理性、更加科学、更加智慧。

中国有盛世修典的传统,如中国古代的多部典籍类书(如《永乐大典》《四库全书》等)。在新时代编纂《中外哲学典籍大全》,是我们的历史使命,是民族复兴的重大思想工程。

只有学习和借鉴人类思想的成就,才能实现我们自己的发展,走向未来。《中外哲学典籍大全》的编纂,就是在思维层面上,在智慧境界中,继承自己的精神文明,学习世界优秀文化。这是我们的必修课。

不同文化之间的交流、合作和友谊,必须在哲学层面上获得相互认同和借鉴。哲学之间的对话和倾听,才是从心到心的交流。《中外哲学典籍大全》的编纂,就是在搭建心心相通的桥梁。

我们编纂的这套哲学典籍大全包括四个方面的内容:一是中国哲学,整理中国历史上的思想典籍,浓缩中国思想史上的精华;

二是外国哲学，主要是西方哲学，以吸收、借鉴人类发展的优秀哲学成果；三是马克思主义哲学，展示马克思主义哲学中国化的成就；四是中国近现代以来的哲学成果，特别是马克思主义在中国的发展。

编纂《中外哲学典籍大全》，是中国哲学界早有的心愿，也是哲学界的一份奉献。《中外哲学典籍大全》总结的是经典中的思想，是先哲们的思维，是前人的足迹。我们希望把它们奉献给后来人，使他们能够站在前人的肩膀上，站在历史岸边看待自身。

《中外哲学典籍大全》的编纂，是以"知以藏往"的方式实现"神以知来"；《中外哲学典籍大全》的编纂，是通过对中外哲学历史的"原始反终"，从人类共同面临的根本大问题出发，在哲学生生不息的道路上，彩绘出人类文明进步的盛德大业！

发展的中国，既是一个政治、经济大国，也是一个文化大国，也必将是一个哲学大国、思想王国。人类的精神文明成果是不分国界的，哲学的边界是实践，实践的永恒性是哲学的永续线性，敞开胸怀拥抱人类文明成就，是一个民族和国家自强自立，始终伫立于人类文明潮流的根本条件。

拥抱世界、拥抱未来、走向复兴，构建中国人的世界观、人生观、价值观、方法论，这是中国人的视野、情怀，也是中国哲学家的愿望！

李铁映

二〇一八年八月

关于外国哲学

——"外国哲学典籍卷"弁言

李铁映

有人类，有人类的活动，就有文化，就有思维，就有哲学。哲学是人类文明的精华。文化是人的实践的精神形态。

人类初蒙，问天究地，思来想去，就是萌昧之初的哲学思考。

文明之初，如埃及法老的文化；两河流域的西亚文明；印度的吠陀时代，都有哲学的意蕴。

欧洲古希腊古罗马文明等，拉丁美洲的印第安文明，玛雅文化，都是哲学的初萌。

文化即一般存在，而哲学是文化的灵魂。文化是哲学的基础，社会存在。文化不等同于哲学，但没有文化的哲学，是空中楼阁。哲学产生于人类的生产、生活，概言之，即产生于人类的实践。是人类对自然、社会、人身体、人的精神的认识。

但历史的悲剧，发生在许多文明的消失。文化的灭绝是人类最大的痛疚。

只有自己的经验，才是最真实的。只有自己的道路才是最好的路。自己的路，是自己走出来的。世界各个民族在自己的历史上，也在不断的探索自己的路，形成自己生存、发展的哲学。

知行是合一的。知来自于行,哲学打开了人的天聪,睁开了眼睛。

欧洲哲学,作为学术对人类的发展曾作出过大贡献,启迪了人们的思想。特别是在自然科学、经济学、医学、文化等方面的哲学,达到了当时人类认识的高峰。欧洲哲学是欧洲历史的产物,是欧洲人对物质、精神的探究。欧洲哲学也吸收了世界各民族的思想。它对哲学的研究,对世界的影响,特别是在思维观念、语意思维的层面,构成了新认知。

历史上,有许多智者,研究世界、自然和人本身。人类社会产生许多观念,解读世界,解释人的认识和思维,形成了一些哲学的流派。这些思想对人类思维和文化的发展,有重大作用,是人类进步的力量。但不能把哲学仅看成是一些学者的论说。哲学最根本的智慧来源于人类的实践,来源于人类的生产和生活。任何学说的真价值都是由人的实践为判据的。

哲学研究的是物质和精神,存在和思维,宇宙和人世间的诸多问题。可以说一切涉及人类、人本身和自然的深邃的问题,都是哲学的对象。哲学是人的思维,是为人服务的。

资本主义社会,就是资本控制的社会。资本主义社会的文化、哲学,有着浓厚的铜臭。

有什么样的人类社会,就会有什么样的哲学,不足为怪。应深思"为什么?""为什么的为什么?"这就是哲学之问,是哲学发展的自然律。哲学尚回答不了的问题,正是哲学发展之时。

哲学研究人类社会,当然有意识形态性质。哲学产生于一定社会,当然要为它服务。人类的历史,长期是阶级斗争的历史,而哲学作为上层建筑,是意识形态。阶级斗争的意识,深刻影响着意识形态,哲学也如此。为了殖民、压迫、剥削……社会的资本化,文化也随之资本化。许多人性的、精神扭曲的东西通过文化也资本化。如色情业、毒品业、枪支业、黑社会、政治献金,各种资本的社会形态成了资本社会的基石。这些社会、人性的变态,逐渐社会化、合法化,使人性变得都扭曲、丑恶。社会资本化、文化资本化、人性的资本化,精神、哲学成了资本的外衣。真的、美的、好的何在?! 令人战栗!!

哲学的光芒也腐败了,失其真! 资本的洪水冲刷之后的大地苍茫……

人类社会不是一片净土,是有污浊渣滓的,一切发展、进步都要排放自身不需要的垃圾,社会发展也如此。进步和发展是要逐步剔除这些污泥浊水。但资本揭开了魔窟,打开了潘多拉魔盒,呜呜! 这些哲学也必然带有其诈骗、愚昧人民之魔术。

外国哲学正是这些国家、民族对自己的存在、未来的思考,是他们自己的生产、生活的实践的意识。

哲学不是天条,不是绝对的化身。没有人,没有人的实践,哪来人的哲学? 归根结底,哲学是人类社会的产物。

哲学的功能在于解放人的思想,哲学能够使人从桎梏中解放出来,找到自己的自信的生存之道。

欧洲哲学的特点,是欧洲历史文化的结节,它的一个特点,是与神学粘联在一起,与宗教有着深厚的渊源。它的另一个特点是私有制、个人主义。使人际之间关系冷漠,资本主义的殖民主义,对世界的奴役、暴力、战争,和这种哲学密切相关。

马克思恩格斯突破了欧洲资本主义哲学,突破了欧洲哲学的神学框架,批判了欧洲哲学的私有制个人主义体系,举起了历史唯物主义,唯物辩证法的大旗,解放了全人类的头脑。人类从此知道了自己的历史,看到了未来光明。社会主义兴起,殖民主义解体,被压迫人民的解放斗争,正是马哲的力量。没有马哲对西方哲学的批判,就没有今天的世界。

二十一世纪将是哲学大发展的世纪,是人类解放的世纪,是人类走向新的辉煌的世纪。不仅是霸权主义的崩塌,更是资本主义的存亡之际,人类共同体的哲学必将兴起。

哲学解放了人类,人类必将创造辉煌的新时代,创造新时代的哲学。英特纳雄耐尔就一定会实现,这就是哲学的力量。未来属于人民,人民万岁!

圣 教 论

译　序

一、论主乔荼波陀

　　乔荼波陀是本论作者。梵语 Gauḍapāda，意译"糖足"①，音译"乔荼波陀"。他是当代印度哲学主流派吠檀多主义（Vedānta）早期奠基人之一。关于他的生平和事迹，仅有传说，没有可靠的历史或记载。据说，乔荼波陀是戈文陀（Govinda）的老师，戈文陀是商羯罗（Saṇkara）的老师。商羯罗曾说他受过乔氏的教导和影响，还谈论过乔氏的其他弟子的道德文章。这就是说，乔氏生活在商羯罗的学生时代。至于商羯罗的年代问题，虽然有些争议，但学术界一般地接受这一说法：商羯罗的年代约为公元 788—800 年。由是推定，乔氏既然能够直接教导商羯罗，那么他（乔荼波陀）至少活到公元 800 年——乔氏的年代约为 7 世纪末至 8 世纪初。②

------

　　①　Gauḍa（红糖）是印度北方一个盛产甘蔗的地方，俗称"糖国"。pāda（足）是尊称，意即"足下、阁下"，和 caraṇa 或 ācārya（导师）同一含义。据推测，Gauḍapāda 可能是位活跃在这个"糖国"、享有盛誉的吠檀多人师。（参看月顶论师《圣教论》梵义精校本，绪论，§7。）

　　②　S.塔斯笈多《印度哲学》第 1 卷第 423 页。

传说乔荼波陀写过好几部哲学著作，①但公认是他本人的原作，只有一部《乔荼波陀颂》(Gauḍapāda-kārikās)，即通常说的《圣教论》(Āgama-śāstra)。此论一般地阐述奥义书哲学，而专门为《蛙氏奥义》作注解，故又称为《蛙氏奥义颂》(Māndūkya-Upaniṣ-adkārikās)。乔氏对奥义书哲学和佛家大乘学说有独到的研究，在《圣教论》中提出一系列新见解，构建了一个新的吠檀多体系。因此，《圣教论》不仅仅是一部对《蛙氏奥义》的权威注释，而且变成为一部自成体系的独立作品。

二、《圣教论》的结构

《圣教论》在结构上是颂诗体裁。在众多的奥义书注解作品中，它是唯一一部诗作。它之所以又称为《蛙氏奥义颂》或《乔荼波陀颂》，就是这个原故。全书四章，共 215 个颂，即，圣教章第一(Āgamaprakaraṇa，29 个颂)，虚妄章第二(Vaitathyaprakaraṇa，38 个颂)，不二章第三(Advaitaprakaraṇa，48 个颂)，炭灭章第四(Alātaśāntaprakaraṇa，100 个颂)。

第一章的题目"圣教"(Āgama)一语，广义上泛指吠陀文献，狭义上特指四吠陀和奥义书；并且表示本论论主乔荼波陀在遵循吠

---

① 署名乔荼波陀的著作中，主要有《自在黑数论颂疏》(Sāmkhya-kārikā-bhāṣya)、《人师子精要奥义疏》(Nṛsimhatapaniya-Upaniṣad-bhāṣya)、《后圣歌》(Uttaragitā，即《薄伽梵歌》)、《难近母七百颂》(Durgā-saptaśati)、《善施牛经》(Subhagodaya)、《吉祥明宝经》(Śrividyāratna-sutra)。甚至有人认为乔氏还写过《中论颂注》(Mādhyamika-kārikā-bhāṣya)，参见 S.拉达克利希南《印度哲学》英文本，第 464 页脚注。

陀-奥义书哲学传统的基础上提出自己的新见解：a）以"唯一分三"的模式解释《蛙氏奥义》的"四足"（四分）原理；b）确认奥义书中设定的超验性的精神实在"梵一我"是真实存在，唯一不二。以下两章（第二、第三章）特就这两个命题（梵是纯真存在，梵是唯一不二）进行全面的论述。第二章称为"虚妄章"是根据"幻"的理论来论证，除了梵一我之外，经验世界的一切，皆是伪妄如幻，非实存在："梦里出现诸境界，心内分别故非真"[①]；"醒时所见诸境界，心内分别故非有"[②]；"醒境如同梦里境，二者覆障无区别"[③]；"梦时醒时二种境，智者称言本是一"[④]。所谓梦境和醒境即指经验世界的精神现象和物质现象。二种境界，同是虚妄，非真存在。第三章称为"不二章"，是用"不二、无生、无差别、无分别"等否定模式来否定经验世界"有二、有生、差别、分别"等妄执，以论证"有二境界不可得"[⑤]；"不二称作至上义"[⑥]；"可知境界无生故，无生称曰一切智"[⑦]；"此为至上之真理，于中无有一物生"[⑧]。第四章称为"炭灭章"。"炭灭"即佛家的"涅槃寂静"。论主在这一章里采用佛家大乘哲学的范畴，再深入论述前二章的"虚妄"和"不二"的观点，并自由地摘引非吠檀多、但具有正确性和权威性的论据。

[①]　本论，Ⅱ.9（以下凡不注明"本论"，即是本论的章序和颂序）。

[②]　Ⅱ.10。

[③]　Ⅱ.4。

[④]　Ⅱ.5。

[⑤]　Ⅲ.31。

[⑥]　Ⅲ.18。

[⑦]　Ⅲ.47。

[⑧]　Ⅲ.48。

三、新吠檀多主义

考察《圣教论》四章内容,可以看出论主乔荼波陀是在努力构建一个新的吠檀多理论体系(这里所谓"新"是说与其前辈论师对奥义书的解释不一样)。这个体系基本上包括本体论、认识论、方法论、范畴论、解脱论或目的论等内容。

1.在本体论上,乔氏确认宇宙间存在一个永恒的精神实在。他沿着奥义书哲学家的思想路线,使用下列模式来表述:

$$原人\longrightarrow 梵\longrightarrow 我\begin{cases}梵\\我\end{cases}同一不二。$$

"原人"(Puruṣa)是吠陀仙人哲学家首先创立的,用以表述他们设想中的永恒实在:原人就是精神世界和物质世界的本原。[1]在本论,论主用一个颂(仅仅一个颂)[2]追述原人理论,然后以奥义书的"梵"(Brahman)取代原人。梵,具有和原人一样的特征——宇宙本原,但梵的哲学内涵更丰富,它既有绝对的一面,又有相对的一面。绝对的一面是"否定一切可说者"[3];"一切言说俱远离"[4];"常与非常名俱灭"[5];"最上快乐不可说"[6]。这叫做"上

---

[1]　《梨俱吠陀》X.90。
[2]　I.6。
[3]　III.26。
[4]　III.37。
[5]　IV.60。
[6]　III.47。

梵"①、"涅槃"②；又叫做"胜义谛"③、"真实义"④、"真谛"⑤。故就真谛而言，即使法门无量，佛亦无法可说。⑥ 相对的一面，则是有法可说，可开方便之门，启发众生；为弱智者"诸佛说有生"⑦；"不同物类话创造，此为方便入真理"⑧。这叫做"下梵"、假谛、世俗谛。按俗谛说，诸法"和合生成"⑨；依他而起，有生有灭⑩；有分别、有差别⑪。然而，这些俗谛上的事物是圣人"为示教故作是说"⑫，"以慈悲故宣此义"⑬。

　　梵，作为宇宙本原，显然是一个客观唯心主义概念。本论论主有时把它看作"所知"，即客观对象。⑭ 但是，他并不认为它是纯客观性的。在许多场合，他把梵和佛家的"识"（vijñāna）⑮和"心"（hṛd，ceta）⑯等同起来。这样，梵既是客观性的，同时又是主观性的。梵的主观性又叫做"我"（Ātman）。梵与我，外在地似有分

---

① Ⅲ.12。

② Ⅲ.47。

③ Ⅰ.16；Ⅱ.32。

④ Ⅲ.27。

⑤ Ⅳ.73。

⑥ Ⅳ.99。

⑦ Ⅳ.42。

⑧ Ⅲ.15。

⑨ Ⅲ.10。

⑩ Ⅳ.73、74。

⑪ Ⅱ.4、14；Ⅲ.14、19。

⑫ Ⅰ.18。

⑬ Ⅲ.16。

⑭ Ⅲ.33。

⑮ Ⅰ.20。

⑯ Ⅰ.2、25。

工——梵是客观世界的基础,我是主观世界的根源;内在地则完全同一不二:梵即我,我即梵;梵我一体,圆融互涉。这一理论,几乎在所有奥义书中都可以读到。但比较典型的表述,在本论论主看来,要算《蛙氏奥义》(第 2 节):"一切皆此梵,此我即是梵,此我有四足"。论主正是根据这则奥义写出《圣教论》开宗明义的第一章第 1 颂:

> "外慧宽广曰周遍,内慧炽热曰炎光,
>
> 深慧内照曰有慧,唯一住此三分中。"

颂中的"唯一"和"三分"是对"此我有四足"的诠释。"四足"即是四分:外慧、内慧、深慧、我。此中"我"就是"唯一"。故"唯一"与"三分"亦即"我"与"三分"(详见本论第一章第 1 颂释)。至于"唯一"与"三分"之间在哲学上的关系,奥义书如《广林奥义》、《歌者奥义》、《石氏奥义》、《慈氏奥义》等,一般地提出"会三归一"(会多归一)的模式。然而,"三分"依"唯一"而起之后,是否独立于"唯一"?"唯一"是否遍在"三分"之中? 这些问题似未在奥义书得到明确的解答。乔荼波陀则在本论中肯定"唯一住此三分中",意思是说,"三分"依"唯一"而起,"唯一"又同时"住"在"三分"之中。这里的"住"字具有深刻的哲学意义;它意味着"唯一"与"三分"的关系,既有"依一分三"的演化过程,又有"会三归一"的还原过程。"三分"之所以能够最终复归于"唯一",正是因为"三分"实质上是"唯一"幻现的外在似真非真的现象——"三分"不是真实的存在,"唯一"才是真实的存在。

其次,"唯一住此三分中"的"唯一"着重表述"此我即是梵"的梵—我同一的奥义。"梵"与"我"这两个概念,用现代哲学术语说,前者(梵)属于客观唯心主义范畴,后者(我)属于主观唯心主义范畴。乔荼波陀用"唯一"将二者同一起来,构成一个纯粹的唯心主义的统一体,一个想象中的超验精神实在。在奥义书[①]和在本论第一章里称为心理四位的"第四位",就是这一最高精神境界的另一名称。《蛙氏奥义》(第7节)是这样描绘这一超验精神境界:"非内慧,非外慧,非内外慧,非慧密集,非慧,非非慧。不可见,无所设施,无所执著;无相,不可思,不可名,一我缘真实,息灭戏论,寂静,吉祥,不二,以为第四;是为我,是应知。"表明这个最高精神境界是纯粹的主观唯心主义性质的。本论第一章第10颂复述这段奥义:

> "自在灭除一切苦,威德全能不变者,
>
> 诸有不二之神明,第四遍在应记知。"

反映论主接受奥义书哲学家关于"第四位"的设想,确认它为唯一、绝对的精神实在:"自在、灭除一切苦"和"不变、不二"。论主在第一章之后,分别设立"虚妄"和"不二"两章,正是为了论证"第四位"这一超验精神境界是唯一真实的存在;除此之外,经验世界的一切,包括梦境和非梦境,俱是"摩耶"幻相(māyā),子虚乌有,非实存在;换言之,在绝对的超验精神中没有任何经验世间的差别。这就是论主乔荼波陀在本论所阐述的吠檀多观点——无差别不二论(Nirviśeṣa-advaita):

> "吠檀多论哲学家,如是观察此世界,

---

① 《广林奥义》Ⅱ.5.19;《慈氏奥义》Ⅶ.11。

如见梦境与幻境,如见乾达婆城楼。"①

2. 乔荼波陀认为,他的吠檀多观点——无差别不二论,是和佛家的"大乘法"一致的。② 他盛赞此法,义理甚深,难得遇见。③ 他劝告人们应对"大乘法"进行了解、认识。认识此法即是"智慧",认识此法的人称为"大智者"。④ 如何获得这种智慧(认识)? 他在本论的后三章提出他的方法论——一个复杂的范畴系统;人们只要按照这个系统所提供的方法进行观察、反思,定能达到"住于自我之智慧,无生证入平等性"。⑤ 这个范畴系统总的划分为两类否定模式:直接否定和间接否定。直接否定是基于两个特定的前提而起作用:1)设定的超验精神实在自身具有如下的否定特征——不二、无生、无差别、无分别、不动、不变、离老死、不可说、不可得、无著、无始、无终、非物质等;2)经验世界的精神现象和物质现象——有二、有生、差别、分别、动、变、老死、可说、可得、始、终、物质等,和合而生,本非实在,是被否定的对象。间接否定是基于三个特定的前提而起作用:1)设定的超验精神实在天然具有如下的正面特征——上梵、无相梵、大我、唯一、第四位、唯心、唯识、圆成实等;2)超验精神实在自身神奇地外现种种幻相——下梵、有相梵、个我、三分(杂多)、外现诸法、似外境、依他起等;3)幻相毕竟是"摩耶",纯妄非真;故可用"幻"作为中介进行复归式的否定。

---

① Ⅱ.31。
② Ⅳ.90。
③ Ⅳ.100。
④ Ⅳ.89。
⑤ Ⅲ.38。

A. 直接否定

不二——（否定：）——→ 有二

无生　　（否定：）　　有生

无差别　（否定：）　　差别

无分别　（否定：）　　分别

非有　　（否定：）　　有

非无　　（否定：）　　无

不动　　（否定：）　　动

不变　　（否定：）　　变

离老死　（否定：）　　老死

不可说　（否定：）　　可说

不可得　（否定：）　　可得

无著　　（否定：）　　执著

无始　　（否定：）　　始

无终　　（否定：）　　终

非物质　（否定：）　　物质

B. 间接否定

上梵——（以"幻"否定：）——→ 下梵

无相梵　（以"幻"否定：）　　有相梵

大我　　（以"幻"否定：）　　个我

唯一　　（以"幻"否定：）　　三分（杂多）

第四位　（以"幻"否定：）　　三位

唯心　　（以"幻"否定：）　　现起诸法

唯识　　（以"幻"否定：）　　似外境

圆成实　（以"幻"否定：）　　依他起

真谛　　（以"幻"否定：）　　俗谛

胜义谛　（以"幻"否定：）　　世俗谛

这两个否定模式事实上概括了《圣教论》四章反复论述的主要命题，构成了乔荼波陀的新吠檀多主义理论体系。在乔氏看来，他这个新体系基本上实现了对奥义书的精髓——无差别不二论（绝对一元论）的准确的表述。凡如此理解他这套理论者，肯定能够"观察此乃无分别，不二息灭诸戏论"[①]，从而"悟得一切智"[②]，达到"具足智慧者境界"[③]。

3. 印度哲学流派主要有六个属于婆罗门教意识形态的所谓"六派哲学"——数论、瑜伽论、正理论、胜论、前弥曼差论、后弥曼差论。前后两弥曼差派共同奉吠陀经和奥义书为根本经典。两派的区别在于对"知、行"关系的看法上。前弥曼差论重"行"，强调对吠陀—奥义书的祭祀仪轨的实践，故又称为"业弥曼差"。后弥曼差论重"知"，强调对吠陀—奥义书的哲理的理解，故又称为"智弥曼差"，也就是通称的"吠檀多派"。智弥曼差，梵语是 Jñānami-māmsā，意为"探求吠陀奥义书知识的学派"。就《圣教论》来说，乔荼波陀遵循着后弥曼差的传统，也是把理论放在首位。但他并没有忽视实践。他认为，从实践（瑜伽行）中也同样能够悟得吠檀多真理。他在《圣教论》里特别提出两种实践方式：

第一种方式是持诵 Om 字神咒。Om 字是奥义书神秘符号系统的中心符号。Om 最初在奥义书中以"aum"的形式出现，故 Om 的元音"o"是一个复合元音，由"a＋u"复合而成。Om，汉语传统音译为"唵"或"蓬"，意译为"极赞、极至"。在奥义书中，它被赋予深

---

①　Ⅱ.35。

②　Ⅲ.36。

③　Ⅲ.34。

奥的神学和哲学内涵。在神学上，Om 字是婆罗门教（印度教）三大主神的密咒（代号、密码）。Om 字的 a、u、m 三个成分中，"a"代表遍入天（Viṣṇu，毗湿奴），"u"代表紧思天（Rudra 鲁陀罗，吠陀后的湿婆 Śiva），"m"代表大自在天（Maheśvara，亦即梵天 Brahman）。在哲学上，Om 字是印度唯心主义哲学范畴系统中的最高范畴——梵（我）的代号，具有像梵一样的特征，包摄着经验世界和超验世界的一切；此岸众生和彼岸神明都住在这个圣字之中："Om 字就是这个世界的一切"①。"Om 就是梵，Om 就是这个世界的一切"②。"一切皆此梵，此我即是梵……"③。乔荼波陀综合奥义书关于 Om 字神咒的哲学奥义，在本论第 1 章中写了 11 个颂，大大丰富了 Om 字的哲学内涵。他认为 Om 字有四个字母（成分），即其中三个是含音的字母，一个是无音的字母——阿音（a）、乌音（u）、摩音（m）和无音。这四个音体现"唯一"与"三分"的原理：

> "阿音（第一）导周遍，乌音（第二）导炎光，
>
> 摩音（第三）导有慧，无音（第四）导不动。"④

此中"导"字有"导致、引发"的含义。换句话说，四个音各具与其相应的哲学奥义。"无音"意谓 Om 字虽然派生出"阿 a、乌 u、摩 m"三音的区别，但它所代表梵——我本体则是无音、无区别，唯一不二，

---

① 《歌者奥义》Ⅱ.23.3。

② 《鹧鸪氏奥义》Ⅰ.8.1。

③ 《蛙氏奥义》第 1 则。

④ Ⅰ.23。

寂然不动——无音之上梵。因此,凡持诵 Om 字神咒者,完全有可能领悟到它的哲学奥义:

　　　　"心与唵字应相应,唵字即是无畏梵;

　　　　常与唵字相应者,处何场所俱无畏。"①

　　　　"唵字神咒即一切,统摄初中后三际。

　　　　如是认识唵字已,当即悟得其妙理。"②

　　论主对唵字神咒的阐述,好像把它物化为一个神奇的"宇宙容器",包容着无边无垠的空间和无始无终的时间。这又似对吠陀—奥义书的"宇宙胎藏说"的一新的发展。③

　　第二种实践方式是勤修"无触瑜伽"。梵语 Yoga,汉语音译"瑜伽"。早在吠陀时代,"瑜伽"原意是"(给牛马)上轭、套轭;相连、相应"。在后吠陀,特别是到了奥义书时期,"瑜伽"有了宗教哲学的新义,"实现与梵同一,应知其加行规则:调控呼吸、抑制感官、禅那静虑、总持意念、觉观思维、三摩提定。此六者称曰:瑜伽"④。这则奥义说明,"瑜伽"(Yoga)、"禅那"(Dyāna)、"三摩提"(Samādhi)三者事实上都是"定"(静坐)的意义,是三个内涵相同、名称相异的术语。从那时到现在,这三个术语一直被广泛地交替使用。"无触"是一个特殊的瑜伽名称。"无触"瑜伽,也叫做"离染"瑜伽。它的定义是:"调伏意识离分别"⑤;"无生无睡又无梦,

_____

①　Ⅰ.25。

②　Ⅰ.27。

③　《梨俱吠陀》Ⅹ.82.5—6;《歌者奥义》Ⅲ.19.1。

④　《慈氏奥义》Ⅵ.15。这六条瑜伽规则是后来一切"定"的修持基础。

⑤　Ⅲ.34。

亦不存在名与色"①;"一切言说俱远离,一切思维皆不起"②;"既无能取及能舍,住于自我之智慧"③。论主说,这是一种在修持上十分困难的瑜伽;但是,如能不怕艰难,坚定修习,最后定会获得预期的结果——"安稳寂静、最上快乐,无生一切智"④。

4. 目的论、解脱论。在印度,从古至今,无论哪一种宗教和唯心主义哲学流派,在宣传自宗教义和理论的同时,必然宣布自宗的宗旨和目的——谋求最终能够从此岸的经验世界超越到(幻想中)彼岸的世界,从而"破除痛苦成正觉,安住寂静恒不灭"⑤。乔荼波陀的哲学也不例外。他在本论中所阐述的新吠檀多理论(无差别不二论)和所提供的两种实践修持的方式实际上也是为其目的论服务的。不同的是,在理论(知)和实践(行)的次序上,他把理论放在第一位,认为通过对奥义书的哲理(一元论、无差别不二论)的研习和了解,会更快获得解脱(涅槃、最上快乐)。《圣教论》四章,几乎每一章都强调"知"的重要性:"如是了知唵字者,彼即牟尼非他人"⑥;"如是了知灭戏论,念念应系不二中"⑦;"洞悉内在真实义,亦从外在见斯理"⑧;"由于觉知我真理,对境不起妄分别"⑨;"悟知离因性谛理,其余他因不可得;由是证得此境界,无忧无欲亦

---

① Ⅲ.36。
② Ⅲ.37。
③ Ⅲ.38。
④ Ⅲ.47。
⑤ Ⅲ.40。
⑥ Ⅰ.29。
⑦ Ⅱ.36。
⑧ Ⅱ.38。
⑨ Ⅲ.32。

无畏"①;"自性善调故调伏,如是知者达寂静"②。这些引文中的"知、了知、觉知、悟知、洞悉"等,是讲解脱之因;"牟尼(圣者)、灭戏论、不起妄分别、无忧无欲亦无畏、达寂静"等是讲解脱之果。阐述解脱的因果,引导人们获得解脱,正是论主乔荼波陀撰写《圣教论》的最终目的。

四、乔荼波陀理论上的贡献和品格

《圣教论》是乔荼波陀在发展吠檀多理论方面所作的里程碑式的贡献,它直接地和间接地推动吠檀多学派朝着成为印度哲学流派中的主流派方向发展。兹就下述若干方面略说他在吠檀多理论上贡献的意义:

1. 不违古义、创立新说。印度六派哲学中最末一派是智弥曼差派,通常又叫做吠檀多学派。吠檀多(Vedānta),意为"吠陀文献的最后部分",也就是给吠陀哲学作总结的部分——奥义书(吠陀经末期,婆罗门仙人、哲学家讨论哲学问题的对话录)。故"吠檀多"既是奥义书的别称,也是吠檀多学派的名字(是因专门从事研究、解释奥义书哲学而得此名)。在乔荼波陀之前,吠檀多论师,包括著名《梵经》(Brahma-sūtra)作者伐蹉衍那(Bādarāyaṇa),都曾对奥义书作过注解,其中有的论师采用二元论观点来讲解奥义书哲学。在乔氏看来,他这些前辈的注解,特别是那些采用二元论或

---

① Ⅳ.78。
② Ⅳ.86。

类似二元论模式对奥义书哲学作的解说，是背离奥义书的基本原理的。他在全面、深入研究吠陀—奥义书的基础上，提出他的"无差别不二论"（新吠檀多主义理论体系），准确地表述奥义书的精义——唯心主义绝对一元论。同时，他把这一理论拔高到和佛家大乘法（中观论和唯识论）相等的高度，使它在唯心主义哲学领域里比其他吠檀多理论更加具有正确性和权威性。后起的伟大吠檀多导师商羯罗十分赞赏他的新理论。商氏在他的《梵经有身疏》（Śariraka-Bhāṣya，I.4.14）中引用了《圣教论》的一个颂（Ⅲ.15）；在为《蛙氏奥义颂》（《圣教论》）作注时说，奥义书一元论面貌的恢复应归功于乔荼波陀。

2. 借助佛理、丰富自宗。印度六派哲学，在思想渊源上，都属于婆罗门教意识形态系统。但六派各有自己的根本经典。例如，数论派的《金七十论》、瑜伽论派的《瑜伽经》、正理论派的《正理经》、胜论派的《胜论经》、业弥曼差派的《弥曼差经》和智弥曼差派（吠檀多派）的"三基"经典——奥义书、《梵经》、《薄伽梵歌》。各派的根本经典同时也是它们各自解释经验世界和超验世界的范畴系统的依据。佛教哲学也同样有自己的根本经典和范畴系统。然而，佛教的根本经典，无论在数量上或质量上，远非其他学派所能比拟的；它的范畴系统也同样比其他学派严密、复杂。在表述超验的绝对实在方面，六派哲学基本上沿用"梵我"作为最高范畴。佛教则另创新的最高范畴如"真如、实相、涅槃、如来藏、圆成实"等等。佛教哲学还改造了"梵我"内涵，将"梵我"的超验特征，改为经验特征，即否定"我"乃是永恒的主体；以"无我"取代"有我"。"梵"也被剥夺了创世神权，只保留其"自在天"的形相，生活在轮回六道中的天道。在乔荼波陀的心目中,佛教范畴系统似是最完善的。尽管佛教取消了"梵我"作为哲学的最高范畴,但他所理解的"梵我"在抽象内涵方面是和佛教的最高范畴"真如、实相"等没有两样,不在取消之列。所以,他特意地采用佛家范畴来充实、丰富自宗的范畴系统,使自己所理解的"梵我"(无差别不二论的观点)取得完善而有说服力的表述。

3. 服膺大乘、仰止佛陀。公元 647 年,印度北方(今之北方邦)的著名统治者戒日王(Harṣavardhana,606—647)去世。此后至公元 8 世纪,印度北方一直是政局动荡,民心不安。这在当时的意识形态领域有这样的突出反映:佛教失去昔日的活力和辉煌,日趋末法的衰微。与此形成对照,婆罗门教(印度教)却处于全面复兴的势头。然而,在北方某些地区,佛教的大乘学派如龙树的中观论和世亲的唯识论,余风犹存,传习未衰;坚守着佛教思想最后阵地,抵御婆罗门教和伊斯兰教的冲击波。另一方面,佛教和婆罗门教,在神学和哲学上,尤其是在秘密宗教仪轨方面,相互影响,相互渗透,乃至合流,越来越朝着有利于婆罗门教方向发展。在这样的历史背景下,出现这种现象——偶有佛教徒改信婆罗门教,婆罗门教徒归依"三宝",是不足为怪的。乔荼波陀的故乡"糖国"(Gauḍa)可能正是佛教的大乘学派和婆罗门教的吠檀多学派同时盛行的地方。乔氏在这里生活和从事宗教、哲学活动。他在《圣教论》(第四章)引用大量的佛教范畴来论证他的"无差别不二论",说明他曾经深入研究过佛家的大乘教义,从中受到教益和启发。他不仅从学理上,而且从感情上,服膺大乘,敬佩佛陀。且看他所写两个向佛陀的致敬颂:

"能知智慧如虚空，所知境界无差别，

正觉诸法如空者，礼彼二足中最尊。"①

"难遇甚深与无生，正等无畏及非异，

如是道理悟知己，我等如力致敬礼。"②

作者在这两个颂中流露出对"二足中最尊"（佛陀）的无限崇敬的感情。这是一种发自内心深处的敬意。如果不是一个"尽形寿"献身佛教事业的信徒，很难想象还有谁能够会这样真挚地归敬自己所崇拜的偶像。

　　4. 尊重真理、反对虚伪。读了本论第四章，特别是上引的两个致敬颂，人们很自然会问：乔荼波陀究竟是一位佛教论师，还是一位吠檀多论师？从乔氏那些饱含着对佛陀的虔诚恭敬的语言来说，答案是肯定的——他很可能就是一位佛教徒。从他的吠檀多学派立场来说，他仍然是一位吠檀多论师，一名婆罗门教徒。这一点，乔氏自己讲得很清楚：

"光明之我具自幻，由是以我执著我，

是我觉知诸差别，斯乃吠檀多结论。"③

"吠檀多论哲学家，如是观察此世界：

如见梦境与幻象，如见乾达婆城楼。"④

---

①　即本论第四章开章第 1 颂（Ⅳ.1），归敬颂。

②　即同章第 100 颂，信受颂（意即在讲完佛道后，表示接受）（Ⅳ.100）。详见二颂释。

③　Ⅱ.12。

④　Ⅱ.31。详见二颂释。

这两个颂中的前一颂讲的是典型的吠檀多观点;后一颂讲的是典型的佛家幻论。正如我们刚才说的,乔氏所理解的"梵我"理论是和佛家的大乘法别无二致。所以,他在这里把佛家的幻论也看成是吠檀多的幻论,这是顺理成章的。这就是说,他并没有离开吠檀多立场去讲佛法——在顶礼佛陀、称赞大乘的场合上,他没有改变他的婆罗门教教徒的身份。乔氏这样做,似有两个原则:1)尊重真理。乔氏在本论中一再强调"如理"来理解哲学理论。[①] 如果遇见不同的观点,要慎重考虑,择其最合理者接受。[②] 如果确认某一理论是合理的,就应坚持不舍离。[③] 这里的"理"字,即合理的真理。在他看来,佛家的大乘法是真理,他的"无差别不二论"也是真理;是真理,就要接受、坚持。2)反对虚伪。尽管乔氏对待佛陀和他的大乘教义的态度比一个真正的佛教弟子还要虔诚,但他从未企图伪装为佛教徒。乔氏认为,佛家大乘法是真理。真理是永恒的、普遍的。只要"如理"去研究、认识,无论他是佛教徒或非佛教徒都会自觉地"信受奉行"。乔氏对待真理的认真态度似乎反映他不赞成有人"明里敬佛,暗里谤佛"的做法——一方面从佛教那里吸取理论养料,另一方面又无情地批判、乃至无理地非难佛教。总之,乔荼波陀"尊重真理、反对虚伪"正好说明他是一位伟大的吠檀多学派的祖师,具有崇高的道德品格,是值得称赞的。

　　5. 引发争鸣、扩大影响。乔荼波陀在《圣教论》提出的、用佛家范畴所论证的"无差别不二论"在当时的宗教哲学界,特别是在

---

① Ⅱ.30;Ⅲ.23。
② Ⅱ.13。
③ Ⅱ.38。

本宗的吠檀多学者中间，引起相当大的反响。但这并不是说没有不同的看法。正相反，一些同派的吠檀多论师强烈反对乔氏把奥义书的"梵我"和佛家的"真如、实相、阿赖耶识"等最高范畴等同起来。随后，商羯罗继承乔氏的哲学，大力弘扬无差别不二论。他撰写了公认为权威的著作《梵经有身疏》（简称《梵经疏》），集中地阐述这一理论，并创造性地作了发展。与商氏同时代和在他之后，有一批吠檀多论师不同意他用无差别不二论观点疏解《梵经》，纷纷站出来，从不同的理论角度注解《梵经》，从而形成了许多与商氏观点相左的吠檀多支派和理论。其中主要的有：分别不分别论、差别不二论、有二论（二元论）、二不二论、湿婆差别不二论、分别不分别我差别不二论、清净不二论、梵我一如分别论、不可思议分别不分别论等。[①] 这些吠檀多支派的理论，从总体上说，扩大了吠檀多学派在学术界的影响，使它逐渐在印度意识形态领域中占据主导地位，成为占印度人口 75％的印度教徒的人生观赖以形成的思想基础。今天，吠檀多哲学已不成文地被印度统治集团奉作治理国家大事的指导思想。因此，研究吠檀多哲学，特别是乔荼波陀和商羯罗的无差别不二论，对于了解印度人的思想，无论是它过去的渊源或现在的趋势，无论它是官方的或民间的，同样具有不容忽视的现实意义。

译者

1997 年 3 月

---

　　① 　拉达克利希南《梵经·精神生活哲学》英文译本，伦敦 George Allen and Unwin 公司出版，1971 年第 2 版，第 27 页。

目　　录

圣 教 论

（蛙氏奥义颂）

圣 教 章 第 一

[本章提要：本章共有 29 个颂。"圣教"（Āgama）实为"教义、理论、学说"的同义语。"圣教章"是《圣教论》的第一章。在这一章里，乔荼波陀根据《蛙氏奥义》的原理，开章明义地阐明自己的基本哲学观点，即奥义书设定的超验精神（梵我）是唯一的真实存在，经验世界的一切精神性和物质性的现象皆是幻现，非实存在。由此开展讨论：（一）"唯一"与"三足"的原理（三足，即是三分、三相——周遍、炎光、有慧）。（二）心理"四位"原理（四位——醒位、梦位、熟睡位、第四位）。（三）上述二原理在理论上的对应关系：

$$
\text{唯一（第四位）}
\begin{cases}
\text{1. 周遍……醒位（物质）} \\
\text{2. 炎光……梦位} \\
\text{3. 有慧……熟睡}
\end{cases}
\text{（精神）} \quad \text{第四位（唯一）。}
$$

（四）Om（唵）字密咒的三音（即此咒语构成的三个成分——a 阿、u 乌、m 摩）及其蕴涵的哲学奥义——"唯一"与"三足"：

$$\text{Om}(\text{唵、唯一})\begin{cases}\text{a 阿}\\\text{u 乌}\\\text{m 摩}\end{cases}\text{奥义:}\begin{cases}\text{周遍}\\\text{炎光}\\\text{有慧}\end{cases}\text{唯一}(\text{Om 唵})。$$

（五）Om（唵）字密咒的修持法，由此可以亲证"唯一"（第四位的最高精神境界），也正是吠檀多绝对无分别的不二境界。]

<blockquote>

1.　　外慧宽广曰周遍，

　　　　内慧炽热曰炎光，

　　　　深慧内照曰有慧，

　　　　唯一住此三分中。

</blockquote>

释：本论原是对《蛙氏奥义》（Māṇḍūkya Upaniṣad）的疏解，所以它的第一章第 1 颂首先概述《蛙氏奥义》的基本内容，然后据此开展，阐述论主乔荼波陀绝对不二论的吠檀多哲学。

本颂首先以不同的语言方式复述《蛙氏奥义》第二节内容："一切皆此梵，此我即是梵，此我有四足。"此中四足是：外慧、内慧、深慧、我。原文 catuṣpāt，意为"四足"或"四分"。四分中的"我"是体（最高的精神本体），其余三分——外慧、内慧、深慧是相（我的外在表现形式）。《蛙氏奥义》把一体和三相合称为四足（四分）。本颂的"唯一"，即是《蛙氏奥义》的"一我"——唯一之我（唯一即我，我即唯一）。"唯一"是（我）体；外慧、内慧、深慧三分是（我）相。乔荼波陀把一体和三相分开，故说"唯一"和"三分"。如果合起来，自然是四分或四足。且如下表：

$$\text{（体）一我、唯一}\begin{cases}\text{外慧……周遍}\\\text{内慧……炎光}\\\text{深慧……有慧}\end{cases}\text{三足、三分（相）}$$

可见,《蛙氏奥义》的"一我"和本颂的"唯一"是同义词;《蛙氏奥义》的"三足"就是本颂的"三分"。三分,是唯一(一我)自身外现的外在、各有特点的形式。1)外慧,它的特点是周遍一切(viśva),也就是所谓宇宙人(Vaiśvānara),他的认识对象是整个物质世界,属于四位心理活动的第一醒位(《蛙氏奥义》第3节)。《歌者奥义》也说,宇宙人包摄一切生物,并为他们的生存和享受提供充分的物质资粮(Ⅴ.18.1—2)。2)内慧,它的特点是放射炽热之炎光,以内在的精神现象作认识的对象,属于四位心理活动的第二梦位(《蛙氏奥义》第4节)。3)深慧,它的特点是智慧密集,无欲无梦,以深层的精神现象为认识对象,属于四位心理活动的第三熟睡位(《蛙氏奥义》第5节;《广林奥义》Ⅳ.3.19)。这三种形式虽然不是唯一,但没有离开唯一,而且是因唯一而存在,故说"唯一住此三分中"。这一说法也是乔荼波陀对奥义书常见的"三归一"(3⊏1)的理论模式的解释和发展。例如,《广林奥义》(Ⅰ.6.1)说,"世界是名、色、业三成分",而这三成分是由梵所支持——"三成分⊏一梵"。又如,《慈氏奥义》(Ⅶ.11)说,"诚然此虚空,自相甚宽广,摄入太空中;彼是最胜光,表现为三相:火、气及太阳。……"——"三相⊏一空"。"三"和"一",前者是具体的物质,后者是抽象的精神。奥义书作者虽然形而上学地承认"三"终归于"一",但就宇宙构成的成分而言,他们似在强调物质基础——世界是靠物质原素构成的。乔荼波陀把这个具有唯物主义倾向的说法纳入他的绝对不二论的理论体系,这是很有意义的。

2.　　　彼复分三住体内:

周遍,显于右眼前,

炎光，居于意识内，

有慧，在心中空间。

释：关于“唯一”与“三分”的原理（1⊃3 和 3⊂1），第一颂似是着重从客观角度来阐述，第二颂似是着重从主观角度来阐述。“唯一”既是客观的，同时也是主观的。它的三种形式——周遍、炎光、有慧，既表现为外在世界，同时也表现为内在世界。

第一句：“彼”即是“唯一”。在奥义书中常有三个主要的同义词用来表述奥义书哲学家设定的绝对的精神实在。它们是：“原人、梵、我。”乔荼波陀在本论使用“唯一”来表述，或者说，代替它们；虽然他偶尔也引用，特别是梵和我这两个词，在本论中显得受到他格外喜爱。“体内”即是肉体之内，意指生物界的纯主观的内在精神世界。主观世界也是唯一（我）的三分——周遍、炎光、有慧的活动场所。

第二句：“显于右眼前”，这个说法来源于《广林奥义》（Ⅱ.3.1；Ⅳ.2.2—3），后者提出二梵原理：有相之梵和无相之梵。前者的特征是生死、呆滞、实在；后者的特征是不死、生动、真实。二梵实质上是“一梵”的外现形式，故一梵即我，我即原人。原人有左右二眼，左眼显示有相之梵，右眼显示无相之梵。《广林奥义》作者把原人两眼上的二梵神格化为二大神——因陀罗（Indra）和毗罗阇（Virāj）；前者是阳性之神，出现于原人的右眼；后者是阴性之神，出现在原人的左眼。二神相恋，结为夫妻，并把众生内心作为他们合卺交欢的洞房。从二神的结合便逻辑地演变出宇宙万有（包括精神世界和物质世界）。这就是“唯一”的第一分“周遍”的特征，是心理活动四阶段的第一醒位阶段。

第三句："炎光"是心理活动四阶段的第二梦位阶段。"居于意识内"是说意识在这个阶段的活动是在它自身之中——意识在自身中接触精神现象。《广林奥义》(Ⅳ.3.9)说,"他借自身之光睡眠,原人于此成为自我照明。"这里的"自我照明"是说意识在梦位中自我认识梦中境界——圆满进入自我(《歌者奥义》Ⅳ.8.1)。

第四句："有慧"是心理活动四阶段的第三熟睡位阶段。"在心中空间"是说意识在熟睡位中不再接触内外对象的静止状态。《广林奥义》(Ⅱ.1.17)说,"熟睡时,具知觉的原人静止在心中的空间。……收束了这些感官,原人即入熟睡。"这里的"收束感官"就是指意识在熟睡阶段暂时停止了内外感官与对象接触的作用,休止在心中的真空中。《歌者奥义》(Ⅷ.3.3—5)说,"诚然,那个我是在心中。按字源学解释,就是这个我在心中;因此,它就是心。如是知此理者,天天可登天宫。"这个解释很清楚:"在心中空间"就是"在心中";同时也说明意识(我)达到至高的光辉境界。

本颂上述内容——"显于右眼前"、"居于意识内"和"在心中空间",不是出自《蛙氏奥义》,而是散见于较古的《广林奥义》、《歌者奥义》和《石氏奥义》。这是乔荼波陀对《蛙氏奥义》的重要的补充。

3. 　　要知享用复有三:
　　　　周遍,常享用粗食;
　　　　炎光,常享用细食;
　　　　有慧,常享用喜悦。

释:此颂从纯主观角度来阐述意识的能缘(享用)和所缘(对象)的关系。

原文 bhuk,bhoga,意即"受用、享受、享用"。这是指意识接触

(能缘)对象的作用。"粗食"意指物质世界,感官所直接接触(享用)的对象。因此,"周遍"(外慧)似乎表示感官对整个物质世界的接触并由此产生的直接认识——感性认识(《蛙氏奥义》第3节)。"细食"和"喜悦"属于精神世界,是内在感官的对象。"炎光"和"有慧"是内在感官和精神世界接触而产生的两种不同的认识:"炎光"是比较低级的认识,"有慧"是比较高级的认识;二者也可以说理性认识的两个阶段(《蛙氏奥义》第3、4节)。

> 4.　　须知满足复有三:
>
> 　　粗食,使周遍满足;
>
> 　　细食,使炎光满足;
>
> 　　喜悦,使有慧满足。

　　释:此颂和上一颂相对应,从客观角度阐述对象对意识的反作用(所缘境、所享用)。

　　原文 tṛpti(动词 tarpayate),意为"满足,满意",意指意识的特定的对象范围。粗食(物质世界)是(意识)在"周遍"的活动阶段(外在感官和感性认识)所接触的特定范围。细食、喜悦(精神世界)是(意识)在"炎光"和"有慧"的活动阶段(内在的感官和认识)所接触的特定范围。

　　"满足"之说,似是乔荼波陀根据《他氏奥义》和《鹧鸪氏奥义》有关论述而提出,并以此来丰富《蛙氏奥义》。

> 5.　　能享用与所享用。
>
> 　　分别各有三阶段;
>
> 　　了知能所此二者,
>
> 　　彼于享用不染著。

释:此颂阐述能享用与所享用的统一。

"能享用"(主观意识)是周遍、炎光、有慧三者;"所享用"(客观对象)是粗食、细食、喜悦三者。能所二方虽然有三相,但都是唯一的外现形式;在唯一中不存在能享用和所享用的区别,更无能所二方各具的三相。了解这一道理的人,在进行享用时候,便可避免片面的谬见执著有能享用者和所享用者,或者同时执著能所二者。不执著即是"不染著"。又"唯一"即是"我"。《鹧鸪氏奥义》(Ⅲ.10.5)说,"我是食物,……我是食物之食者。……我是食物,我食供食者的食物。我征服了整个世界的存在。"此中食物是所食(客体)。食食物者是能食(主体);能食所食,源出于我,是我的幻现形式,无有实体。知此唯一不二的真我论者,便能食无所食,执无所执,清净自在,如理无染。

6.　　仙人智者论断说:
　　　所有存在有起源;
　　　一说气息生一切,
　　　另说原人产心光。

释:从第6颂至第9颂,乔荼波陀评介各派哲学家关于哲学根本问题的见解——关于宇宙起源和创世论的意见。本颂首先介绍两种见解,即气息说和原人说。

(一)气息说。宇宙起源于什么,或者说,产生世界的本原是什么? 有的哲学家认为是气息,气息生一切。气息(prāṇa 呼吸)是物质性的还是精神性的? 在吠陀时期,地、水、火、风、空,被认为是五大物质原素。气息和风是同性质,是物质性的(《梨俱吠陀》Ⅰ.164;Ⅹ.168)。这就是说,吠陀仙人哲学家中,有人认为世界的本原是物质(宇宙起源于物质)。此后,在奥义书中还有人继续承认气息是物质,认为气是宇宙的本原。与此同时,又有人把气息与精神性的"我"同一起来,说"气息"即是"我",我即是"梵",梵即是"原人"。这就是说,有些奥义书哲学家认为宇宙的本原是精神性的(《鹧鸪氏奥义》Ⅱ.1—9.1;Ⅲ.1.1—6.1。《石氏奥义》Ⅰ.3.10—11)。

(二)原人说。吠陀仙人哲学家首先提出原人理论。他们从对自然的直觉的观察,设想在自然背后存在着一个控制自然的抽象的超验实在。他们创立"原人"这个抽象名词作为这个超验实在的代号。他们创作了著名的《原人歌》(《梨俱吠陀》Ⅹ.90),歌颂他们想象中超验原人的全知全能的创世神力。此后,经过梵书和奥义书时期,原人理论有了新的发展;从原人衍生出"梵"与"我",而这三者(原人、梵、我)成为表述吠陀和奥义书哲学家幻想中的超验实在的专用语言。在许多后奥义书的哲学作品中,梵或我几乎完全取代了原人。因此,"原人生心光",若改写为"梵(我)生心光",也一样表示本颂的用意。"心光"的"心"字表示内在的精神世界,"光"字表示外在的现象界;这二者源出于原人(梵、我),故曰"原人生心光"。另一释义:心是内在心理,光是外在现象;后者因前者的活动而产生。此义同本论第 4 章第 72 颂所说的"心动"(citta-spandita)。佛家说的"心生则种种法生"亦同此义。

> 7. 创世相信者认为,
> 神以创世显威德。
> 他宗论师持斯论:
> 创世自相如梦幻。

释:此颂又介绍两种关于创世论的意见,即持创世说者和持创世如梦幻者的意见。

一、持创世论者的意见。他们认为世界是他们想象中的神一手创造的,神借此来显示它的威德。世界是神创造的说法,在吠陀、梵书、奥义书等文献中,到处都可以见到。至于神以其创世的万能来显示自己的威德的描述,吠陀诗人对婆楼那的颂扬则是比较典型的。兹录《婆楼那赞》中的几个颂为例:

祈祷圣主,婆楼那天;

礼赞风神,智慧超群;

善护人心,如牧羊群。

其余怨敌,愿俱寂灭。

彼以摩耶,揭示宇宙,　　　（3）

既摄黑夜,又施黎明;

随顺彼意,三时行祭。

其余怨敌,愿俱寂灭。

彼乃海洋,神秘深广,　　　（8）

又如旭日,升空自在;

群生瞻仰,顶礼赞扬。

彼之神足,闪烁异光,

驱散摩耶,直上穹苍。

其余怨敌,愿皆灭亡。

　　　　　　　　　　《梨俱吠陀》V.41)

同样，在《广林奥义》第一、二章中也详细地描述了"我、生主、梵"诸神的创世奇迹。

二、持梦幻论者的意见认为创世本身是一种梦境，是魔术师用幻术变出来的把戏。所以，婆楼那大神先用"摩耶"（māyā 幻术、幻象）把世界变现出来，以后又把幻术收起，世界便随幻术的消失而消失；"驱散摩耶，直上穹苍"就是这个道理。世间和众生的存在，"譬如幻师见所幻人。……如智者见水中月……。"（《维摩诘所说经》卷中）。婆楼那神如幻师，世界和众生是他以幻术变现出来的幻相。龙树在他的《大乘二十颂论》中说，"如此一切皆虚幻，众生亦是幻境界；世间以幻为自相，依于因缘乃产生"。这就是释迦牟尼在《金刚般若波罗密经》最后一颂中所说的道理："一切有为法，如梦幻泡影，如露亦如电，应作如是观。"持此观点的主要哲学家是包括本论论主乔荼波陀在内的吠檀多论师，以及佛教大乘空有两派的大师。

8.　　创世论坚信者说：

创世乃神之意愿。

时间论师则认为：

众生从时间产生。

释：此颂又列举两种有关创世的观点。

一种观点：坚持是神创造世界的说法。创造世界是神的意愿。这反映持此观点者无条件地相信奥义书的理论："他（最高之我）具有意识、生命之身、光明之相、真正之意志……"（《歌者奥义》Ⅲ.14.2）。"他（至上之我）在渴望：让我由一变多，让我降生世间。他于是精修苦行。修完苦行，他创造了世界的一切……"（《鹧鸪氏奥义》Ⅱ.6.1）。所谓神的真正之意志就是说至上之神具有创造世界的本意，而这一本意的实现在于他成功地创造了世界。持此观点的人和上一颂说的持创世论者同属一类，只是对神创世说的信念更加坚定而已。

另一种观点：世间和众生是时间产生的，因为时间有真实的实体，所以能够产生世间一切事物，包括生物界和非生物界。在奥义书中，涉及宇宙生因的理论时，有的哲学家认为，时间是宇宙最初的生因；人类的产生、存在和维持，依赖于时间（《白骡奥义》Ⅰ.1—2）。还有的哲学家认为，至上之"我"，是包括时间在内的一切的主体，无形无相，不可思议，清净光明，全知全能；在空间上周遍无限，在时间上无始无终（《慈氏奥义》Ⅶ.1）。其后，史诗作者继承、发展奥义书的时间论，赋予时间以创造和毁灭的神力："时吞噬诸物，时毁灭群生；时于睡中醒，时乃不可易"（《摩诃婆罗多》Ⅺ.1）。时间论者，佛教徒称之为"时散外道"；在佛教经论中常常看到对他们的批判，驳斥他们妄计时有实体，能生世界的一切。在佛经中有一则有趣的记载，描述时散外道是如何推断时间是实有的：时散外道目见花木等物，时有生华，时有生果，时有作用，或舒或卷，使枝条随时荣枯。时虽微细不可见，然以此华实等，则知有时。（见《华严演义》卷九）其实，佛教哲学派别中也有执时间为客观实在，贯穿于过去、现在、未来三世——三世实有论。一切有部的论师（Sarvāstivādāḥ）就是这一理论的倡导者和传播者。执时间为客观实在的观点是具有比较浓厚的哲学意味的观点，而且，事实上，也比较接近于科学。

就本颂来说，时间论者，多指星相学者或天文学家；他们是百分之百的时间论者。

> 9.　　　一说创世为受用，
>
> 　　　　一说创世为游戏。
>
> 　　　　神明自性本具足，
>
> 　　　　众愿成就何所欲？

释：神究竟怀着什么目的创造世界？本颂介绍三种有关这一问题的看法。

第一种看法，认为创世主创造世界是为自己的享受。这反映《广林奥义》(I.4.17)的奥义："太初此界，唯我唯一。彼作愿求：愿我得妻，然后生子；愿获财富，然后行祭……"这是说，太初之时，唯一之我，幻现为一位阳性的男神和一位阴性的女神，二神结合，成为夫妻，共享欢乐；由此产生后代（生物世界），获得财富（非生物世界）。同书(IV.2.2—3)也有类似的论述。有人因此认为，这是11世纪著名吠檀多论师罗摩奴阇(Rāmānuja)及其门徒所持的观点。罗摩奴阇继承商羯罗(Sankara)的吠檀多不二论，并作了修正。他提出一种新的吠檀多理论。叫做"有规定（相对）的不二论"，和商羯罗的无规定（绝对）的不二论针锋相对。按罗摩奴阇的有规定不二论，精神性的存在和物质性的存在，一旦从绝对的梵体异化出来后，便将和梵一样，常住不灭；也不会复归于梵，尽管它们源出于梵。从他这一观点出发，认为至上之神（我、梵）化身为一对男女，结为夫妻，永恒地共享物质上的欲乐，是顺乎情理的。

第二种看法，认为创世主创造世界，其目的在于为自己寻找玩乐的去处；或者说，神为了自己的娱乐，因而游戏似的创造了世界。这个观点最初见于《慈氏奥义》(V.1)："世界自在主，向你致敬礼；

是宇宙之我,一切行作者,一切享受者,世界之命根;游戏与享乐,一切你为主。"这里说的"自在主"即创世主大梵天,又称大自在天。神话由此发展,说梵天创造世界是为自己寻找一个游戏的场所。后来,往世书记载了一个有关毗斯纽(viṣṇu)为游戏而下凡的传说(Lilā-avatāra),也可能是这则神话的进一步的发展。因为,后期婆罗门教发展了"三位一体"的神学。三位是:梵天(大自在天)、毗斯纽、湿婆。三位同体,说一即三,说三即一。大自在天为游戏而下凡在先,毗斯纽为游戏而下凡在后(他下凡为牧童黑天与牧女们在水中游戏,这是神人共乐的最典型的例子),在次序上似有差别,在神学上毫无二致。

第三种看法(本颂的后二句),认为大自在天创造世界完全出于自然的本性,并没有别的目的——既不是为了自身的享受,也不是为了满足自己的好奇心而作的游戏。自在之神本身具足一切,不存在任何尚未实现的愿望;他事实上一切成就,无所欲求。这一看法似乎是本论论主所支持的。

> 10.　　自在灭除一切苦,
> 威德全能不变者,
> 诸有不二之神明,
> 第四遍在应记知。

释:在本章第一颂中,论主开宗明义地提出"一分为三"的原理。三,即三足(三分、三位):周遍(外慧)、炎光(内慧)、深慧(有慧);这三者在此前诸颂中已比较详细地阐述过。但是,"唯一"(第四足)是什么?本颂正是要阐明这一点。如上所论,唯一即我,我即第四足(第四位),也正是心理四阶段的最后阶段,即纯超验的境界。本颂原文四个句子中只有一个主语:"turya"(第四足、第四位),其余的词语都是表述它的特征的定语或同位语,第四足虽然是前三足的基础,但它自身天然地具有与前三足不同的独特的特征——它周遍自在,诸有(三界中的精神性存在和物质性存在)中唯一不二之神灵,具大威德,全知全能,常住不变,止息众苦。此颂颂意概括了《蛙氏奥义》第七节的奥义:"非内慧,非外慧,非内外慧,非深慧,非有慧,非非有慧。不可见,不可施,不可取,无相,不可思,不可名,依一我之精髓,息戏论,寂静,吉祥,不二,以为第四,是为我,是应知。"

> 11.　　认为周遍与炎光,
>
> 　　　二者因果所制约;
>
> 　　　有慧但为因所限,
>
> 　　　第四位中二不成。

释:从第11颂至第18颂,作者综合分析"四足"的性质和作用,并配以认识发展的四个阶段(心理活动的四位——醒位、梦位、熟睡位、第四位),对"一分为三"的原理作进一步的阐明。

本颂先讲"四足"(四位)和因果的关系。

头两句:"认为"是指某些学者的意见,认为第一足"周遍"和第二足"炎光"有产生、存在、衰变、消亡的自然过程,因而是受因果规律制约的。后两句:谓第三足"有慧"只受因的限制;第四足(唯一)是超验境界,超然于因果范围之外;在那里,因和果二者都失去它们支配经验世界那样的支配作用,故说"二不成"。不成,意即"无效"。按某些注释家的意见,颂中的因果含义是:因,意味着对真理的不理解(tattva-agrahaṇa);果,意味着对真理的误解(anyathāagrahaṇa）。"周遍"和"炎光"都有这两种现象,因而受着因果的制约。"有慧"只有不理解真理的现象,因而仅受制于因。第四足(第四位)是认识达到完善、正确的阶段,即超验阶段;这时的标志是:经验世界的因果锁链已被砸断;或者说,对第四足说来,因果规律已无能为力。

<blockquote>

12.　　　有慧不解是等事;

　　　　　不解自我与他人,

　　　　　不解真谛与非真;

　　　　　第四常了此一切。

</blockquote>

释:此颂和下一颂(第13颂)专门解释第三位(有慧)和第四位的区别。此颂的前三句复述《广林奥义》(Ⅳ.3.21)关于"我"在第三位的叙述。当修定者在禅定中达到第三位,与有慧的心理状态中的"我"相结合,这时,他便摆脱贪婪、过失和恐怖;他的愿望得到了满足,在欢乐中忘记了自己,也忘了别人;既不解真理,也不辨非真理。正如一丈夫拥抱着自己的爱妻共同陶醉在美妙的性生活时,欲望获得如此满足,他竟不知他周围的存在。但是,当他的意境上升到第四位时,他在至极欢乐中仍能保持头脑清醒:认识自己和他人,明辨真理和谬误。"了此一切"意同"一切智"(sarvajna),意谓此时既具经验的知识,也具超验的知识,所以能够洞见一切。

<blockquote>

13.　　　有慧第四此二者,

　　　　　同是不执有二论;

　　　　　有慧犹带睡眠种,

　　　　　第四位中不存在。

</blockquote>

释:此颂在有慧和第四位之间作进一步的鉴别。这两个心理

活动阶段既有相同的特征，又有相异的界限。相同的特点是，二者都不执二元论的观点；相异的界限是，有慧还带有潜存的睡眠种子，而在第四位中睡眠种子完全被肃清，故曰"不存在"。"睡眠"，暗示有慧的一个主要特征——尚未悟得真理。睡眠又是周遍（醒位）和炎光（梦位）的原因，故称为种子。有慧（熟睡位）虽然没有像前二位的睡眠，但还没有清除睡眠种子（论主在第 11 颂中说，"有慧但为因所限"。在本颂又说有慧尚未清除睡眠种子。种子是因，为何不会生果？论主没有讲清楚）。第四位不存在睡眠种子，意味着在第四位中经验世界的因已肃清，没有经验世界的因，自然不会有它的果；这就是说，第四位是超验境界，不再受经验世界的因果规律所支配。

> 14.　　初二有梦及睡眠，
>
> 　　　　有慧无梦而睡眠；
>
> 　　　　善决理者见第四：
>
> 　　　　既无睡眠亦无梦。

释：此颂和后二颂（第 15、16 颂）阐明四足——周遍、炎光、有慧、唯一的心理特点实际上就是心理活动的四阶段或四位——睡眠、做梦、熟睡（无梦睡眠）、无睡无梦：

$$
\text{四足}\begin{cases} 1.\,\text{周遍……睡眠（或醒位）} \\ 2.\,\text{炎光……梦} \\ 3.\,\text{有慧……熟睡（无梦睡眠）} \\ 4.\,\text{唯一……第四（无睡无梦）} \end{cases}\text{四位}
$$

颂中第一句的"初二"是指四足的前二足——周遍、炎光；前者的特点是睡眠（睡位，亦称醒位），后者的特点是做梦（梦位）。第三足有慧的特点是熟睡(熟睡位,无梦但有睡眠)。第四足唯一(第四位),其特点是:此时梦和睡眠,二俱消失,冥然寂静,离诸障碍,是一种摆脱经验世界的因果制约的超验境界。

第一足周遍叫做"睡位",又有人把它叫做"醒位"。睡与醒是一对矛盾,二者如何共存?关于这个问题,在奥义书哲学家中存在着两派不同的看法。一派认为醒时所见的一切,将重现在睡时,故把睡位与醒位等同起来。另一派的意见是:睡和醒是两个不能"和平共处"的现象,睡位和醒位二者不能等同起来;因为在睡梦中,人的感官完全停止活动,只有一种先天性的自明作用而已(两派意见俱见《广林奥义》Ⅳ.3.14)。本论论主倾向于采用第一种见解。

15.　　　执妄为真者是梦,

不解谛理者是睡;

破除梦睡二颠倒,

证得第四位境界。

释:本颂(接上一颂)解释产生心理四位特征的原因。第一句:"执妄为真"是说把非真实的存在误作真实的存在;这个错误的认识是梦位心理的反映,是梦境产生的原因。第二句:"谛理"即真义、真理。意谓面对真理不认识,是睡眠心理的反映,是产生睡眠的原因。又,这里的"睡"是同时意指第一的醒位(周遍)和第三的熟睡位(有慧)。后二句:突出说明第四位的超验境界。在梦里和睡眠中,主观的认识是颠倒是非真伪的,把虚妄的客观对象误认为真实的客观对象。然而,禅定的工夫一旦到达第四位,这种颠倒的认识便为正确的认识(智慧)所代替,梦与睡的现象也同时消失;能够如实观察世间一切现象或变化,证得第四位境界。

16.　　　无始摩耶所迷惑，

　　　　　沉睡生灵若醒寤，

　　　　　无生无眠亦无梦，

　　　　　不二至理即证悟。

释：本颂接上一颂，进一步阐述第四位的超验特征。本颂有三个重要的范畴：无始、无生、不二；特别是后两个是乔荼波陀哲学中的最高范畴，也是本论全书所要论证的主要命题。为此，有必要作较详细的解释。

一、无始（anādi，与"无终"相对应）是印度哲学通用的有关时间的术语。在印度传统的古今哲学宗教家看来，时间，往上追溯，追不到它的起点；往下推究，推不到它的终点；它是无始无终的。时间贯穿在变动不居的现象界；时间无始无终，现象界也是如此。摩耶（māyā）就是现象界，它本身是"如梦幻泡影"，和时间一同存在。时间没有起点和终点，摩耶同样没有起点和终点。"无始"的另一个哲学解释是：从无开始——世界开始于无。吠陀哲学家说："太初宇宙，混沌幽冥，茫茫洪水，渺无物迹。由空变有，有复隐藏，热之威力，乃产彼一"（《梨俱吠陀》Ⅹ.129）。此中"空"即是无。奥义书哲学家说得更明白："太初之际，此界为无，其后为有。……"（《歌者奥义》Ⅲ.19）。这就是说，世界是从无而有，世界的本原就是无。然而，"无"是什么？吠陀智者认为，世界开始于无，但无本身也不是始，故曰"无既非有，有亦非有；……"（《梨俱吠陀》Ⅹ.129）。从此，产生了自有人类文明以来迄今尚在探讨的哲学根本问题——有与无的原理。其次，无始这一范畴在佛教哲学中被广泛使用；如说，无始无明、无始生死、无始间隔，等等。其中无始无明与本颂说的"无始摩耶"是同一意义。佛家还有一个独创的理论，把无始作为否定，否定世界有其"初始"的创世主（神）。佛教教义承认大梵天（大自在天）的存在，却否认他具有创造世界和生物界的神力。如果承认梵天是世界的最初的创世主，世界便成无因而有。无因而有的观点是非佛教的。按照佛教的观点，无因的"因"就是因缘。因缘，用我们的话说，便是内在的主观因素或条件、外在的客观因素或条件。经验世界的一切都是由这些主、客观因素集合而产生；任何一个生物或非生物本身不存在独立的、不会消亡的主体。它受着生灭的自然规律所制约；它是因产生它的条件的存在而存在，因产生它的条件的消亡而消亡。佛家常说"诸法从缘生，诸法从缘灭"就是这个道理（诸法，即经验世界；缘，即世界产生或消亡的因素或条件）。

就本颂颂意而言，乔荼波陀采用了第一个解释——浮沉在经验世界的生灵，从没有起点的时代以来因受摩耶（幻象）所迷惑而一直在沉睡；一旦通过苦修和智慧从沉睡中醒寤起来，便能亲证无睡无梦的无生、不二的美妙境界。

二、无生（aja）。这是超验境界的一个重要特征。原文有时写作 ajati（名词）或 najāyate（动词），但通常作 aja（形容词、名词）。本论全书四章中共有 11 处表述和论证"无生"，可见它在乔荼波陀的理论体系中所占的位置是何等重要。从历史上看，早在吠陀时期，吠陀哲学家首先在哲学意义上使用它来表述他们设想中的超验境界。例如：

> 愚昧无所知，我今在此处，
>
> 求取知识故，诚意来请问，

> 博学者诗仙:何物此唯一,
>
> 无生之相中,建立六国土?

(《梨俱吠陀》Ⅰ.164.4)

又如:

> 即此胎藏,水先承受,
>
> 诸天神众,于此聚会。
>
> 无生脐上,安坐唯一,
>
> 一切有情,亦住其内。

(同上书,Ⅹ.82.6)

这两个颂表述:一、无生即唯一,二者同是超验境界的主要特征;二、无生即无,从无生有,故在无生外现的形式上建立世界,创造有情。

到了奥义书,无生有了新的发展,常被"不出现、不出生(asambhūti、asambhava,《自在奥义》12、13)"和"无、非有(asat,《歌者奥义》Ⅲ.19)"所代替。不过《薄伽梵歌》仍然使用"无生 aja"来表述。例如:

> 从来未出生,从来未死亡,
>
> 并非过去是,今后不再是;
>
> 无生而常住,永恒而古老,
>
> 肉身损坏后,彼亦不消灭。

(《薄伽梵歌》Ⅱ.20)

又如:

> 彼无谬误见,正确了知我:
>
> 无生及无始,世间大自在;

　　　　　即于凡夫中,解脱一切罪。

(同上书,Ⅹ.3)

这两个颂表述无生理论在奥义书和《薄伽梵歌》中的一个重要的发展——两个同一:无生(超验境界)与我(超验意识)同一,无生与无始同一。

　　在奥义书之后,特别是在公元初,大乘佛教兴起,大乘经论普遍采用"无生"这一术语来表述大乘佛教哲学家设想的超验境界;结果,无生理论获得前所未有的发展,出现了种种无生理论;如所谓"无生忍"(《仁王护国经》)、"无生法忍"(龙树的《大智度论》)、"无生四谛"(《大般涅槃经》),以及"无生门"、"无生智"、"无生观",等等。这些说法主要是从超验角度来观察"无生"。惟龙树不但从超验角度,而且从经验角度来表述。龙树是大乘空宗(中观论)的创始人,他对无生理论的阐述无疑是比较全面和合理的。在龙树的哲学中,无生既是超验的,同时也是经验的;无生与有生,二者相异又相同;离开经验世界去另找一个孤立的无生,直如去找兔角,是不可思议的。龙树在他的《中论颂》(观因缘品第一)提出他的无生理论说:

　　　　　诸法不自生,亦不从他生,

　　　　　不共不无因,是故知无生。

颂中"诸法"包括了经验世界的一切现象,它们不会从自身中产生,也不会从他物产生,也不会由自他二者合作产生;然而,它们也不是无因而有。这个"因"就是我们刚才说的"因缘"(主观和客观的因素)。正是因为"诸法"是因缘生,所以它们本身没有独立不变的主体,它们是随产生它们的条件的生灭而生灭;它们本来就是"空"

（非实在），是"无生"（众缘所生，故非真有生）。龙树这个关于无生的理论是和非佛教哲学的理论有所区别的。

乔荼波陀的哲学无疑继承了吠陀、奥义书和《薄伽梵歌》的无生论，同时还吸收了佛教的观点，认为无生是纯粹的超验境界，因而在本论中始终从这个角度来阐述。

三、不二（advaita）。二，谓能执的主体和所执的客体有所区别。不二，谓能执所执二者之间的区别消失或统一。正如龙树说的："涅槃与世间，无有少分别，世间与涅槃，亦无少分别"（《中论颂》观涅槃品第二十五）。又说："正观于诸法，无我无我所……"（《菩提资粮论颂》第十一页）。此中"我"即能执的主观，"我所"即所执的客观；意谓于任何世出世间法中不存在真正的我能执和我所执的区别。"无区别"即是不二。我们在前边引用的两首吠陀颂诗（《梨俱吠陀》I.164.4；X.82.6），虽然还未明言"不二"，但已提出和"无生"一致的超验特征"唯一"。唯一即不二，不二即唯一。唯一是肯定模式，不二是否定模式；但二者的指向是同一的超验境界。奥义书哲学家进一步发展吠陀的肯定模式"唯一"而为否定模式"不二"。《广林奥义》（Ⅳ.3.32）说："他（澄沏）如水，唯一，成为不二的洞见者。此乃梵的世界。……此是他的至善境界，此是他的最高成就，此是他的殊妙世界，此是他的极大欢乐。其他生物赖他部分欢乐而存在。"《蛙氏奥义》（第7节）把"不二"发展为全面的否定，即以全面的否定模式来表述："非内慧，非外慧，非内外慧，非慧密集，非慧，非非慧，不可见，不可说，不可取，无相，不可思，不可名。一我缘真实，息灭戏论，寂静，吉祥，不二，以为第四。是为我，是应知。"这段阐述还明确地将不二境界和心理活动的最后阶段

"第四位"完全同一。

佛教大乘哲学家接受、并且发展了奥义书的不二论。在大乘经论中，不二论受到的重视不亚于无生论。举一个典型的例子就足以说明。在著名的《维摩诘所说经》中有题名为"入不二法门品第九"的一章，专门讨论不二理论。这一章的故事梗概是：一天，维摩诘居士正在家中养病。首席菩萨文殊师利奉佛旨带领一批菩萨前往探视，代表释迦佛陀向他致意。维摩诘即时对众菩萨发问说："何谓菩萨入不二法门？"众菩萨一一发表各自见解后，文殊师利对维摩诘说："我们各自谈了关于菩萨入不二法门的看法。现在该由仁者发表高见：何谓菩萨入不二法门？"这时候，维摩诘默然无言。文殊师利的明净透视的法眼，洞悉维摩诘的无言禅机，当下叹曰："善哉善哉！乃至无有文字语言是真入不二法门！"这个故事表明，维摩诘理解中的不二法门正与《蛙氏奥义》（第 7 节）相契合："不可见，不可说。不可取，无相，不可思，不可名……"而他的默然无言则是一种"于无声处听惊雷"的独特的实践方式，以此来体现这一"离言说相、离名字相、离心缘相"的不二真理。

乔荼波陀以奥义书和大乘佛教的不二论作为理论根据，首创了"不二吠檀多"（Advaita Vedānta）。他主张绝对的如幻说，不仅否定睡时梦境的存在，而且否定醒时现实的存在；醒时境界和梦里境界同是摩耶（māyā）的幻现，非真实的存在。这反映他的不二论是一种绝对的不二论，是从《蛙氏奥义》到佛教大乘中观论一脉相承而来的。然而，在他之后，吠檀多学派内部围绕着对不二论的不同的理解产生争论，并由此导致分裂为十多个不二论支派。其中重要的有两个，即商羯罗的"无规定（绝对）不二论"（Nirviśeṣādvaita)和罗摩奴阇的"有规定(相对)不二论"(visiṣṭādvaita)。前者是对乔荼波陀的绝对不二的发展,后者是对它的修正。(参看拉达克利希南《〈梵经〉译注》,第27页。拙著《印度吠檀多主义哲学》载《南亚研究》1989年第1期,第13—16页。)

17.　　若是此中有戏论,

定能消除无有疑;

唯在幻境始有二,

胜义谛上但不二。

释:本颂和下一颂对不二论作一总结。

前二句:原文prapanca有数译义:1)笑话,开玩笑,荒谬滑稽的讲话;2)(哲学)膨胀、扩充(宇宙扩充);3)(佛教)戏论(文字游戏,言不契理)。本论采用后一译义——戏论。月称论师在他的《中论释》(梵本《中论明足疏》,第350页)提出关于戏论的解释:"无始生死积习故,能知所知、能说所说、作者业果、陶罐织物、宝冠车舆、色受、男女、得失、苦乐、荣辱、毁誉等相故,形形式式戏论故,产生这些分别。"同书(第373页)又说:"用语言泛论众义,是为戏论。"根据这一解释,戏论实质上是指两种对立的见解或事物(如能知所知、男女、苦乐、得失等矛盾),也就本颂所谓"有二"(二元论)。

后二句:"幻境"包括睡时的梦境和醒时的现实。这二者都是虚幻的境界,只有在虚幻境界中才有"二"的现象出现。二,谓对立的思想和矛盾的事物,也就是能执所执、主观客观的分别。按世俗谛(幻境)而言,这二者的分别似是存在的,但在胜义谛(绝对真理)上是不存在的,其次,把事物的对立和矛盾看作"有二",这就是戏论;戏论只有世俗谛上存在,而完全消失在胜义谛上。龙树说:"诸法不可得,灭一切戏论;无人亦无处,佛亦无所说"(《中论颂》观涅槃品第二十五),正是这个道理。"无人"即无我,"无处"即无我所;我、我所二者俱不可得,故曰"胜义谛上但不二"。

18. 　　若人计执有分别,

　　　　此类分别应消除;

　　　　为示教故作是说,

　　　　知已此中无有二。

释:颂的头两句:"分别"即上述的戏论(认为事物存在矛盾对立的现象)。如上一再阐明,分别本身是幻象,非真实的存在。论主在这里提醒人们,如果思想上存在着这样的"分别",应设法克服、肃清。颂的后二句:"示教",即佛教说的"示教利喜",谓宣传本宗教义,利益有情。本颂颂意,谓可能有人会问,既然不二真理,不可说,不可取,不可思,不可名,为什么世上还有这么多的仙人、智者、觉者、学者,孜孜不倦,不畏艰难,对宇宙现象,精神的和物质的,进行认真的探索观察,讲解宣传;同时,还著书立说,各建门庭,形成百家争鸣的局面? 论主的答复是:这些(探索观察,讲解宣传)都是权宜的手段或方便,目的在开导(示教)尚未了解不二真理的人。当悟知这一真理后(知已),便能体会到"是中无有二"——二中(分别)无有二(无分别)。兹摘引龙树的《中观论颂》(观四谛品第二十四)的两个颂作为结束:

　　　　诸佛于二谛,为众生说法,

　　　　一以世俗谛,二第一义谛。

　　　　若人不能知,分别于二谛,

则于深佛法，不知真实义。

19.　　　欲言"周遍"即是"阿"，

二者共性称"第一"；

了解"阿"音（即周遍），

二者共性是"圆满"。

释：本论第一章，按内容，可以分为两部分。前一部分（第 1 至
18 颂）阐述《蛙氏奥义》的哲学奥义（目的），后一部分（第 19 至 29
颂）阐述理解这一奥义的方法（手段）。这个次序不同于《蛙氏奥
义》先手段后目的的结构。在本论作者乔荼波陀看来，他的《圣教
论》虽然主要是解释《蛙氏奥义》，但亦不墨守它的模式，而且在它
的基础上有所创新，有所发展。

从本颂开始，作者从奥义书中提出一个领悟、体验（前边开头
讲的）"唯一分三"的原理的"捷径"——一个最简单而易行的方法。
这个方法就是念诵"唵"字密咒。唵，是梵音 om 的音译。om 是奥
义书神秘符号系统中的一个最重要的符号。它代表着最高的哲学
范畴"我"和"梵"，或"梵我"，蕴涵着梵我同源，物我一体的深妙奥
义（《歌者奥义》Ⅱ.23.3；《鹧鸪氏奥义》Ⅰ.8.1）。本颂和后二颂是要
破译 om 字的秘密含义，以便学者掌握、运用 om 字方法来理解
"唯一分三"的原理。

一、om 最初见于《歌者奥义》，aum 的缩写形式，故"o"是 a＋u
的复合元音；就是说，om 是由 a、u、m 三个字母构成。按照我国佛
教经论的梵汉音译传统，om 的音译是"唵"；a、u、m 的音译分别为
"阿"、"乌"、"摩"。

om 是唯一(梵我)的密码；om 的 a、u、m 是唯一的周遍、炎光、有慧三特征的代号：

$$\text{om(唵、唯一)}\begin{cases}\text{a 阿}\\\text{u 乌}\\\text{m 摩}\end{cases}\text{代表}\begin{cases}\text{周遍}\\\text{炎光}\\\text{有慧}\end{cases}\longrightarrow\text{唯一(om 唵)}$$

二、om 字的三音和唯一的三足有二重相互配合的程序，并由此产生二重的共同属性。

a)以唯一的三足去配合(统一)om 的三音时，联合产生共同的属性是：第一、增进(次第、第二)、衡量：

唯一(梵)———→om(唵)
↓　　　　　　↓

$$\begin{array}{lll}\text{周遍}&+&\text{a 阿———→第一}\\\text{炎光}&+&\text{u 乌———→增进}\\\text{有慧}&+&\text{m 摩———→衡量}\end{array}\Big\}\text{共性}$$

b)以 om 字的三音去配合(统一)唯一的三足时，联合产生共同的属性是：圆满、居中、消失；

om(唵)———→唯一(唵)
↓　　　　　↓

$$\begin{array}{lll}\text{a 阿}&+&\text{周遍———→圆满}\\\text{u 乌}&+&\text{炎光———→居中}\\\text{m 摩}&+&\text{有慧———→消失}\end{array}\Big\}\text{共性}$$

现在，结合本颂来说明，颂的前两句就是"周遍"和"阿 a"配合，二者产生共同的属性是"第一"。后两句就是"阿 a"和"周遍"

配合,产生共同的属性是:"圆满"。

20.　　认识"炎光"同"乌音",

　　　　(二者)现见为"增进";

　　　　应知乌音(即炎光),

　　　　居于前后二分中。

释:本颂前两句说明"炎光"和"乌 u"配合,二者产生共同的属性是"增进",即前进一步;意即"炎光"比"周遍"前进一格,居于三足中的第二足;"乌 u"比"阿 a"前进一步,居于三音中的第二音。后两句说明"乌 u"和"炎光"配合,产生共同的属性是"居中",即"乌 u"居于三音的中央;"炎光"也是居于三足的中央(参看上一颂)。

21.　　有慧同一于摩音,

　　　　二者共性曰衡量;

　　　　了解摩音即有慧,

　　　　二者共性为消失。

释:本颂前两句说明"有慧"和"摩 m"配合,二者产生共同的属性是"衡量"。"有慧"是"周遍"和"炎光"产生和回归的根本,故有衡量这二者的作用。同样,"摩 m"是"阿 a"和"乌 u"产生和回归的基础,故有衡量这二者的作用。有的吠檀多论师把"有慧"的衡量作用比喻为箩筐的度量作用。谷物装入箩筐进行度量,之后,又从箩筐取出;谷物进出于箩筐。"有慧"比作箩筐,"周遍"和"炎光"比作谷物;"周遍"和"炎光"进出于"有慧"。同样,"摩 m"比作箩筐,"阿 a"和"乌 u"比作谷物;"阿 a"和"乌 u"进出于"摩 m"。

颂的后两句说明"摩 m"和"有慧"配合,产生共同的属性是"消失",意谓在第三熟睡位中,"周遍"和"炎光"在"有慧"中消失——复归于有慧。同样,当持诵"唵om"时,"阿a"和"乌u"消失或融合于"摩m"之中——复归于摩m(参看上边第19颂)。

22.　　　三法平等同一性,

如是决定理解者,

一切众生共顶礼,

尊敬称作大牟尼。

释:从本颂至最后的第29颂总评和歌颂"唯一"的三足和"om"的三音的神秘主义作用。本颂的第一句"三法平等同一性"十分重要,是对上述理论阐述作出最高的哲学总结。"三法"有二重模式:一是唯一(梵我)的三足——周遍、炎光、有慧;二是唵(om)的三音——阿a、乌u、摩m。论主在这里提醒读者注意,前此各颂深入阐述了二重三法的哲学奥义,以及它们之间相互交涉、相互融合的微妙关系。然而,这一切的论述只不过是一种善巧方便,一种权宜的设施;说得明白点,就是指引那些沉迷在如幻的世间而尚未觉醒的人、那些正在苦修瑜伽但尚未取得正智的人,向"不可见,不可说,不可取,无相,不可思,不可名"的不二真理过渡的一座法桥。一旦过了桥,入了门,洞见不二真理,便会立即顿悟:二重三法实质上是同一梵体,同一真我,圆融平等,唯一不二。这样理解这一奥义的人,他就是"大牟尼"——大圣者和大智者,受到所有的人的礼拜和尊敬。

23.　　　阿音(第一)导周遍,

乌音(第二)导炎光,

摩音(第三)导有慧,

　　　　　　　　　无音(第四)导不动。

　　释:本颂重申"唵 om"的三音所代表、所传达"唯一"的三足的
奥义。最后一句的"无音(第四)导不动"直接反映"唵 om"的本体
意义。无音,意谓唵 om 字虽然派生出"阿 a、乌 u、摩 m"三音的区
别,它所代表的梵我本体是无音、无区别,无生无住,寂然不动。本
颂的重要意义在于,以前对三足三音的阐述是从无至有——从无
音之体外现有音之相;现在,从有归无——从有音之相复归于无音
之体。

　　　　　24.　　　应知每足有唵字,

　　　　　　　　　诸足无疑皆此音;

　　　　　　　　　既知每足是唵字,

　　　　　　　　　毋需思量其他事。

　　释:上一颂说由有归无——三音同一音(唵 om)。本颂发挥
这一原理:三音同一音,就是说,三音皆具一音,三音同出一音,一
音遍于三音,形成三即一,一即三的模式。同理,三足同一足(唯
一),意即三足皆具一足,三足同出于一足,一足现于三足,构成三
即一,一即三的模式。这正好给《蛙氏奥义》第 8 节内容作注脚:
"此是阿特曼(Ātman 我),亦是唵字音;诸足是唵 om 音,唵 om 音
是诸足:阿 a 音与乌 u 音,以及摩 m 字音。"此中"阿特曼"(Ātman)
正是唯一的我,也是唵 om 所导向的奥妙境界。

　　　　　25.　　　心与唵字应相应,

　　　　　　　　　唵字即是无畏梵:

　　　　　　　　　常与唵字相应者,

　　　　　　　　　处何场所俱无畏。

释:此颂和以下数颂对"唵 om"字的神秘作用作种种夸张的歌颂。

本颂的头一句:"相应"是瑜伽(Yoga)的意译,谓在静坐反思中,把"身、口、意"三业(活动)完全集中在默念、内观"唵 om"字上,这就是"心与唵字相应"。第二句:按《鹧鸪氏奥义》(I.8),"唵 om 即是梵。唵 om 即是全世界。"故唵 om 就是梵。梵本身是欢乐、无畏;而悟知梵理者,同样获得欢乐、无畏。其次,《歌者奥义》(I.4.5)说:"如是知此音节(om),并归依此不死、无畏的音节,他便成为不死、无畏,正像诸天归依此音节而成为不死、无畏。"这说明这个神秘的唵 om 字就是梵。梵是不死、无畏;而代表梵的密码唵 om 字也是具有不死、无畏的神奇特征。第三、四句:正因唵 om 字是不死、无畏的神咒,而持诵此神咒而与之相应者,自然也获得不死,能够于一切时、一切处无所畏惧。

26. 牢记唵字即下梵,

唵字同时是上梵;

无前无内亦无外,

唵字无他亦无变。

释:本颂进一步阐述唵与梵同一的原理。颂的头两句:复述《广林奥义》(II.3.1)和《慈氏奥义》(VI.3)的二梵理论。谓梵有二相,一是真梵:无形,不死,不动;一是假梵:有形,有死,变动和存在。真梵又叫做上梵,假梵又叫做下梵。如何正确认识和亲证二梵?谓有二方便,即通过理论和通过实践。1)通过理论。理论,即指梵我理论;谓通过对梵的理论专心呵细致的钻研,取得两种智慧,即上智和下智。下智认识下梵,上智认识上梵。下智认识反映

梵外现形式的圣典——《梨俱吠陀》、《夜柔吠陀》、《婆摩吠陀》、《阿
闼婆吠陀》、语言学、祭仪学、语法学、字源学、格律学、天文学。上
智是直接领悟不灭者(梵)(《秃顶奥义》Ⅰ.1.4)。2)通过实践。实
践,是指持诵唵 aum 字这一神圣真言。《慈氏奥义》(Ⅵ.22)说:
"应知有二梵,音梵及最高;凡知音梵者,能证最上梵。"这是从唵字
发展为有音之梵和无音之梵,同时将这两个有音和无音之梵同一
于下梵上梵。无音之梵可以通过有音之梵而证得。因此,持诵唵
字即是修行有音之梵,这样一直向上持诵,最终上升到无音之梵。
颂的后两句:阐明有音之下梵复归于无音之上梵;如是,二梵同一
真体;其特征是:无前,无外,无内,无他(唯有梵的自体),无变。体
现梵体的唵字真言也同样具有"无前,无外,无内,无他,无变"的纯
超验的特征。

> 27.　　　唵字神咒即一切,
> 　　　　　统摄初中后三际。
> 　　　　　如是认识唵字已,
> 　　　　　当即悟得其妙理。

　　释:上一颂着重从空间来表述唵字的妙用,本颂的头两句着重
从时间来表述唵字的妙用,即唵字统摄初、中、后三段时间。"一
切"意味着梵的密码唵字真言既能统摄过去、现在、未来三段时间
以内的一切,也包摄三段时间外的一切。这个理论是对吠陀时间
论的继承:"彼以摩耶,揭示宇宙,既摄黑夜,又施黎明;随顺彼意,
三时制定。……"(《梨俱吠陀》Ⅷ.41)。"唯此原人,是诸一切:既
属过去,亦为未来;……"(同上书,Ⅹ.10)。同时,它也是对《蛙氏
奥义》第 1 节的复述:"唵 aum,此字即一切。其解释(如下):过去、

现在、未来，一切仅唵字；其他不属三时者，亦属此唵字。"

28.　　　须知唵字即自在，

　　　　　住在一切人心中；

　　　　　悟知唵字遍一切，

　　　　　智者坦然无忧虑。

　　释：本颂阐述唵字另一妙用"自在"。这里是指自在天而言。大自在天是梵体外现的最高神格，是宇宙三界（天、地、空）的创造主，也是一切生物之父。唵字既能代表梵的本体，自然也能代表梵的外现的一切形相，包括创世主大自在天。颂的第二句："住在一切人心中"是指真我住在一切人心中。《石氏奥义》（Ⅱ.3.17）说："如指头大小的原人是内在之我，常住在一切人心中。"《薄伽梵歌》（Ⅷ.17）也说："他住在一切之心中。""他"即内在之我："我无肉身，在肉身中；我乃安稳，在不稳中；我是宏大，我是周遍；智人知己，无所忧虑"（《石氏奥义》Ⅰ.2.22）。本论论主在把我与梵同一的同时，又把唵字与我同一。这样，梵我即是唵字，唵字即是梵我；说我在一切人心中，也就是唵字真言在一切人心中。颂的第三句："唵字遍一切"意即唵字所代表的梵我，外在地是宇宙生成的本原，内在地是一切生物的精神或灵魂。悟得这一道理的仙人智者，自然安乐自在，无所忧虑。这也就是《石氏奥义》所记的："……智人知己，无所忧虑。"

29.　　　非音以及无限音，

　　　　　二元息灭善吉祥；

　　　　　如是了知唵字者，

　　　　　彼即牟尼非他人。

释：此颂是本章的最后一颂，把唵字的神秘意义再次提到本体论上来考察和总结。"非音"即是无音，"无限音"即是有音。具有梵的内涵的唵字既是无音，同时也是有音。在唵字中有音无音，平等同一，无有差别——没有有音与无音二元的戏论，故曰："二元息灭"。二元戏论既已止息，邪恶自然归于消亡，内心寂然清净，唯有美善和吉祥的感受。值得称为"牟尼圣者"的人，正是那些悟彻这个唵字奥义的瑜伽行者，而不是别的什么人。

虚 妄 章 第 二

[本章提要:本章共有 38 个颂。论主乔荼波陀在第一章中构建了自己的哲学体系,论证了"唯一(第四位 om 唵)"是绝对的真实,其余皆非真实——绝对无分别不二论。在这第二章中,他详细地举例来发挥这一理论:(一)经验世界,无论其为物质的或精神的,都是如梦如幻,虚妄不真。(二)批判包括吠檀多有分别不二论在内的形形色色的其他哲学流派的错误执著(我执和法执)。(三)阐述二梵原理,论证"上梵"是真实的、绝对的;"下梵"是虚妄的、相对的。在至上之梵中,分别与无分别,同归寂灭;二与不二,皆入一如。所以,分别是虚妄,无分别才是真实;有二是无明,不二才是智慧。(四)充分利用佛教的哲学范畴来诠释吠檀多绝对无分别不二论;尽管不能说乔荼波陀把佛教的不二论和吠檀多的不二论完全等同起来,但后者涂有一层厚厚的佛教不二论的油彩,是显而易见的。(五)歌颂绝对无分别不二论的殊胜功能:息灭戏论,离贪瞋痴;赞赏悟知此理的吠檀多智者和实践这一理论的瑜伽苦行者;鼓吹割断世间尘缘,厌弃现实人生,遁入山林,静坐禅思,但求个人心灵的超越和解脱。]

1.　　　梦里所见一切有,

　　　　智者说言是虚妄;

诸有生起于内在，

故受封闭因制约。

释："一切有"的"有"是指"存在"或"境界"。梦中看到的一切存在或境界，智者断言，皆是虚妄非真。颂中后两句指出梦境所以是虚妄的原因：一是"内在"故，谓梦境处于意识之内，产生于意识；或者说，梦境是内在意识制造的。二是"封闭因"。封闭，作者没有作确切的说明，但根据下文，特别是第四章第33颂："梦里一切法皆妄，肉体内在显现故；在此封闭状态中，如何得见诸实在？"这似乎是指肉体和精神的障碍；或者说，肉体是封闭或禁锢精神的桎梏，使精神得不到自由和解脱。梦之产生，正是由于精神（内在意识）处于肉体构成的内封闭状态之中。颂中第三句的"诸有"义同第一句的"一切有"——一切存在、境界、场所，等等；但它的中心意义是特指梦境而言。

2.　　　梦里时间短暂故，

无能去览众景色；

寤者觉知所梦境，

醒时根本不存在。

释：在上一颂，作者从心理现象说明梦境虚妄，本颂则从常识角度进一步阐明梦境之所以是虚妄。首先，梦境存在的时间十分短促，人在梦中虽然看见诸多景物，但它们瞬息即逝，无法，或不能自觉地和自由地去一一欣赏、观看。其次，人在醒觉时都会感知自己并不是生活在梦的世界，而是生活在一个充满喜怒哀乐的"情世间"（现实的精神世界）和一个由基本粒子构成的"器世间"（具体的物质世界）。总而言之，梦中所见的一切人和物根本不存在于醒时的外在真实世界。

> 3.　　神传所示及前理：
>
> （梦里）车等原非有。
>
> 以此故言得证实：
>
> 梦中所现皆虚妄。

释：作者在这颂中引经据典来证实梦境的虚妄。

第一句："神传"即天启经典（Sruti），尤指吠陀、梵书、森林书和奥义书。本颂具体地引述《广林奥义》的经文。"前理"有二义：一、是指前边所陈梦境非真的理论或理由；二、是说由前因推出结论：前因，是说梦中事物本来不存在，由此推知，凡是梦里境界皆是虚妄不真（结论）。第二句："（梦里）车等原非有。"作者在此用"圣言量"（天启经文）来确证梦境非真。这句话出自《广林奥义》（Ⅳ. 3.10）："那儿没有车乘，没有拉车的牛马，没有道路；然而，他创造了车乘、拉车的牛马和道路。那儿没有喜乐和欢快；然而，他创造了喜乐和欢快。那儿没有水池、莲塘和溪流；然而，他创造了水池、莲塘和溪流。他的确是制造者。"《广林奥义》这则经文和上一则经文（Ⅳ.3.9）是在阐述原人（吠陀哲学家幻想中的永恒不死的精神实在）包摄三种境界（三种存在）：一是"此界"（此岸世界）；二是"他界"（彼岸世界）；三是居于前二界之间的"梦界"（梦中世界）。这则引文中的几个"那儿"正是指第三的"梦界"。在梦界里，车等物象根本不是存在，而是由"他"一手制作出来。这个"他"是肉体内的意识，也是"我"。第三、四两句：谓根据前边所述的理论，以及引自《广林奥义》的文意完全证实了"梦中所现皆虚妄"这一论断的正确性。

接着在下一个颂(第 4 颂),作者更进一步发展这一梦幻理论,把它的适用范围扩展到非梦境的现实世界——梦时境界固然虚妄,醒时境界也同样非真,从而为他的绝对无分别不二论写下伏笔。

> 4.　　应知亦由内在因,
>
> 　　　　故有醒时诸差别;
>
> 　　　　醒境如同梦里境,
>
> 　　　　(二者)封闭无区别。[①]

释:作者认为梦幻理论也适用于醒时的现实境界:梦中幻境固然是虚妄非真,醒时的现实世界也是同样虚妄不实。在这个颂中,他明确地提出这一绝对无分别不二论的观点。梦里境界之所以虚妄非真,是由于产生于"内在"和"封闭"(本章第 1 颂);同理——同一原因(内在和封闭),醒时境界也像梦境一样虚妄非真。因此,由内在意识构造的梦境和醒境,二者在受肉体和精神封闭的制约上是没有什么区别的。

从梦时和醒时二无区别的论点看,本颂显然吸收了佛教唯识宗的"唯识无境"的理论成分。比较一下世亲的《唯识三十颂》(玄奘译本):"由假说我法,有种种相转;彼依识所变,此能变唯三。"(第 1 颂)。"是诸法转变,分别所分别;由彼此皆无,故一切唯识。"(第 17 颂)。此中"种种相"也就是本颂说的梦境和非梦境(经验世界);在广义上还可以包括超验世界,相当于《广林奥义》(Ⅳ.3.9——

---

①　按梵本校勘者月顶论师,本颂第四句原文在许多抄本上都作 saṃvrtatvenabhidyate(因覆障而区别)。他认为这和上下文意抵触,改为 saṃvrtatvam na bhidyate(覆障无区别)。汉译即按后一句梵文翻译。

10)所说的三种境界——此岸世界、彼岸世界和介乎二界的梦中世界。"识"是内在的八个识,特别是"第八识"——根本识或称"阿赖耶识"。种种相,正是基于阿赖耶识而变现。阿赖耶识本身天然地具有两个基本特征,即见分与相分。见分是能分别,相分是所分别;能所二相皆依识转变,二相不能独立存在,故谓"彼此皆无"。唯识宗这个根本识实质上就是奥义书中所称之"我"或"自我"(Ātman)。梦境和非梦境都是由内在的"我"而变现,梦境和非梦境本来不能独立存在,故曰:如幻虚妄。

作者在以下诸颂继续发挥这一理论——第二章第9、10、13、14、15颂;第三章第29、30颂;第四章第61、62、64、65、66颂。

> 5.　　　梦时醒时二种境,
> 　　　　智者称言本是一:
> 　　　　以诸差别平等故,
> 　　　　又以其理极成故。

释:智者,指某些吠檀多绝对无分别论者。他们把梦与醒两种境界看作同样的虚妄现象。其理由有二:一是梦中景象和醒时景象在表面上有种种的差别,但在真理本体上二者平等同一,无有差别;二是前边的论述,特别是"内在"和"封闭"的原因,业已被确认成立(极成),证明梦时境界和醒时境界同是虚妄非真。

《广林奥义》提到有两种观点。一种观点认为,醒时看见的景物就是梦中看到的景物,故把醒时境界和梦中境界等同起来。另一种观点认为,人们处于熟睡状态时,是"自我照明"(svayamjyotis),即进入一种"自我寂然"不动的定境;这和醒时意识(自我)的活动是不一样的。其次,此岸世界、彼岸世界和居于二界中的梦里世界,在这三种世界中,"我"(意识)在梦里世界活动时,可以同时看见另外两个世界——此岸世界和彼岸世界;正像一条大鱼沿河两岸游来游去——既可从此岸游到彼岸,又可以从彼岸游回此岸。三种境界,形式不同,本体(我)则一。这个观点似乎在强调"现象"在外在形式上的差别(详见《广林奥义》Ⅳ.3.1—18)。本颂赞成第一种观点。

　　按世俗的观点,梦中经验和非梦经验实际上是有区别的。为什么说二者无有区别? 作者将在以下各颂中作进一步的解释。

　　　　　6.　　　初际后际不存在,

　　　　　　　　　即使现在亦如此;

　　　　　　　　　三际虽然皆虚妄。

　　　　　　　　　外在表现似非妄。

　　释:本颂阐述事物本体不受时间限制。"初际后际"即事物初生阶段和最后消亡阶段,也就是过去和未来。事物实际上不存在于它的最初阶段,不存在于它的最后阶段;此即所谓无始无终。事物既然是无始无终,当然也不会在中间(现在)出现。不可否认,时间顺序的概念,在人们头脑中形成,由来已久。然而,过去、现在、未来三段时间只是事物的现象,不是真实的存在;也就是说,时间仅仅是"似非妄"的假象而已。因此,即使醒时看见的现象(现实的世界)也和梦境一样,同是虚妄非真。当然,醒时境界毕竟有它的假象;犹如海市蜃楼,表面似真,实际是假。

　　本颂这种三际非有说,看似来自龙树的三际否定论:"……时住不可得,时去亦叵得;时若不可得,云何说时相? 因物故有时,离物何有时? 物尚无所有,何况当有时?"(《中论颂》观时品第十九)。

本颂完整地复述在第四章第 31 颂。参看后者的注释。

> 7.　　　即使梦中诸境界，
>
> 　　　　显然亦具原因性；
>
> 　　　　是故由有初后际，
>
> 　　　　牢记梦境是虚妄。

释：本颂原文第一句有 saprayojanatā 一语，有多义："带有原因性、目的性、作用性、动机性。"总的意思是说，梦境的产生不无原因。在论主看来，梦中境界是由内在意识制造，具有一定的原因性或目的性。这就是说，即使是梦境，也是意识在特定条件下所产生的一种心理活动。这种活动因为有它的起点（初际）和终点（后际），所以有生有灭；因为有生有灭，所以是虚妄不真。

按照佛家唯识宗，睡眠属于"心所有法"的一种。"心"同"识"或"意识"（通指"八识"而言）是"能有"（能产生和占有）。睡眠是"所有"（由识产生，归识所有），因为它是靠识与境接触而产生的一种心理活动。睡眠因识而生，因识而灭；若离于识，便不可得。论主在此颂中显然同意唯识宗的"离识无境"的说法，并作了发挥。（参见玄奘译《大乘广五蕴论》）

> 8.　　　梦里诸法乃无前，
>
> 　　　　犹如天上神仙境；
>
> 　　　　亦如人间善觉者，
>
> 　　　　趋前观赏殊胜景。

释：本颂（和以下第 9、10 二颂）发挥离识无境的观点，说明梦境和非梦境同属幻妄性质。本颂原文结构特殊，晦涩费解。根据商羯罗的注解和本论校刊者月顶论师的意见，似可作如下的理解：

前半颂(前两句)。"诸法"意即"梦里所见种种景象"或"梦的特征"。"无前"意同"空前",亦作"未曾有"或"没有先例"。这半个颂可作二解:一解,谓即使是醒时的现实经验对象也像梦境一样,不是真实的存在;而梦里有时候出现前所未有的奇异境界,就像天上神奇莫测的仙境。二解,谓做梦者的梦境正如天上神仙境界那样,都是意识构筑起来的,变幻无常,虚妄荒诞。

后半颂(后二句)。"善觉者"是指醒时具有丰富人世经验的人。这半颂也有二解:一解,谓一个熟悉某地情况的人,前往观赏该地赏心悦目的景物。同样,睡眠者是在梦里某处欣赏的奇妙景色。醒寤者和睡眠者各在特定的环境中看到不同的情景。然而,在论主看来,无论是梦的世界,还是非梦的现实,都是意识所变现的,本身没有实存性。二解,一个知道某地是一个有美丽风景的游览胜地的人,前往该地游观后,在睡眠中再次梦见这些风景。在论主看来,梦中重见的景物固然是脑子里的表象(想象表象),就是白天见到的景物也同样是脑子里的表象(记忆表象);两种表象都是内在意识活动(和外在对象接触)的结果;离开意识或意识停止活动,脑子里的表象便不存在。

在下边两个颂,作者明确地论证醒时经验和梦时经验的共同虚妄性。

> 9.　　梦里出现诸境界,
>
> 　　　心内分别故非实;
>
> 　　　心外所执乃真实;
>
> 　　　二者但见皆虚妄。

释:"分别"和"所执"同一意义,即"构思、构想"。本颂指出梦境有两种：一者，在做梦状态中，由意识内在地构想出来的境界，不是真实的境界；二者，在同一梦中，由意识外在地接触对象，这种对象被执为真实。然而，梦中这两种境界——一假一真，本身都没有独立存在的主体；它们是依识而起，依识而灭，虚妄变现，但有"似非妄"的假相而已。

> 10.　　　　醒时所见诸境界，
> 　　　　　　心内分别故非有，
> 　　　　　　心外所执乃实有；
> 　　　　　　二者如理俱虚妄。

释：继上一颂意，本颂指出，不仅梦时见有两种存在，醒时也同样有两种存在。一是，在醒觉状态中，由意识内在地构筑而成的心理表象，不是真实的存在。二是，在同一醒觉状态中，由意识外在地认识的对象是真实的存在。这是按经验世界的俗谛而言。按超验世界的真理，这两种境界都是由意识构筑而成，本身没有不变的主体；也就是说，"醒位"和"梦位"同样是虚妄非真。

这样，第9、10两个颂强调梦时真伪两种境界和醒时真伪两种境界，不外是意识变现出来的心理现象，离开心识，便无任何对象的存在。这就是为什么说，无论梦时世界还是醒时世界都非真实的存在。

> 11.　　　　若是（醒梦）二位中，
> 　　　　　　种种差别俱虚妄，
> 　　　　　　是谁知此诸差别？
> 　　　　　　谁是差别辨识者？

释：本颂是论敌向论主质疑。意谓，照汝所论，醒位（醒时看见的现实境界)和梦位(梦中看见的境界),二者同归虚妄,无有区别;这就等于说不存在任何一种认识的对象。果如是,请问谁去认识这些差别?而差别的辨认者——认识主体,又是谁呢?换言之,论敌的问题是,如果没有客观世界作为被认识的客体,何来主观世界的能认识的主体?

论主在下一颂对此作出回答。

> 12.　　光明之我具自幻,
>
> 　　　　由是以我执着我,
>
> 　　　　是我觉知诸差别;
>
> 　　　　斯乃吠檀多结论。

释:论主在此颂中按吠檀多无分别不二论答复论敌在上一颂中提出的问题。

第一句:"光明之我",此"我"是真我。真我自身本具不可思议的神奇幻力(māyā),魔术般幻变出精神世界和物质世界的一切。这里所谓幻变,点明主观世界(能执主体)和客观世界(所执客体)都不是真实的存在。第二句:"以我执着我"中的前一个"我"是主观世界,后一个"我"是客观世界。"执着"意为一种固执性的认识;正确地说,是指由对真我幻现理论的无知而引生的错误认识。这有两层意义。其一,主观在接触、认识客观时,既不知道所认识的客体如幻非真,也不知道能认识的主体本身同样如幻非真。其二,既不知道梦时的主体和客体虚妄如幻,也不知道醒时的主体和客体同样虚妄如幻。总之,完全不了解由真我幻现出来的一切主、客观现象都是如幻非真,从而错误地执幻为真。第三句:"是我觉知"的"我"是第一句所说的"光明之我",即是真我。或问,既然真我幻现出来的主观和客观世界都是虚妄不真，那么谁是认识一切差别现象的主体？论主在此回答："光明之我"是唯一的真正的认识主体，即真正的觉知者。第四句：前三句所讲的理论是吠檀多论的基本哲学观点——光明之我（至上之梵）唯一无二，绝对真实；而由它幻现的宇宙现象，无论是精神的还是物质的，都是虚妄非真，不是永恒的存在。这就是吠檀多无分别不二论的结论。

其次。"光明之我"的"光明"，原文是"deva"，音译通作"提婆"；意译为"光辉、神圣、天人、天神"等等。在本颂中似乎另有两种含义。其一，表示超验之我的具体特征："光源、能源"，即一切力量的源泉，它衍生和护持宇宙万有的存在。《疑问奥义》（Ⅱ.2）说："从他（我）产生生命、意识和一切根（感官），以及以太、空气、光、水和土；他是一切（存在）的支持者。"其二，表示超验之我的本体，它是万物衍生的本源，万物复归的终极。同上书（Ⅱ.1）说："这就是真理，犹如从燃烧着的火产生无数同质的火花。……同理，从不灭者产生一切生物，后又回归到那里。"

"以我执着我"是一个二我模式，似是来源于《薄伽梵歌》的二我说。"二我"实质上是奥义书的"二梵"的发展——上梵—下梵发展而为上我—下我。例如，

《薄伽梵歌》（Ⅱ.55）：

> "大英雄如果能舍：属于内心一切欲，
> 我中以我得满足，称为安住于智慧。"

此颂第三句的第一个"我"是指"下我"，第二个"我"是指"上我"。

同书（Ⅵ.5）：

> "应该以我拯救我，不该让我遭毁灭；

只有我为我之友,亦惟我是我之敌。"

此颂第一句的第一个"我"是"上我",第二个"我"是"下我"。第二句中的"我"是"下我"。第三句的第一个"我"是"上我",第二个"我"是"下我"。第四句的第一"我"是"上我",第二个"我"是"下我"。

同书(Ⅵ.6):

"彼我以我为挚友,因而我被我克服,

非我对立状态中,我将表现如宿敌。"

此颂第一句的第一个"我"是"下我",第二个"我"为"上我"。第二句的第一个"我"是"下我",第二个"我"是"上我"。第三句的"我"是"下我"(非我,意即尚未被克服的个我)。第四句的"我"是"上我"。

《薄伽梵歌》这三个颂的大意是,"下我"达到与"上我"统一时,上下二我便归一我;主客二界,无有分别;安住智慧,寂静解脱。然而,在"二我"未合一时,"我"自身起着什么作用? 下一颂便是对这个问题的回答。

13.　　一切存在心中起:

内在不稳定诸有,

及余外在稳定者;

如是最胜尊分别。

释:本颂的主语是"最胜尊 Prabhu"。原文 Prabhu 和 vibhu、svayambhu 基本上是义同形异的同义词,具有"自在、大自在、殊胜主、最胜尊"等意义;通常是印度教的宗教用语,用以尊称梵天、湿婆、因陀罗、生主等大神。本论作者只采用词意,借以表述抽象的哲学范畴"我"。"我"与"心"实质上是同一精神实体,但有两种作用或分工:"心"是一般的精神"王国",而在这个王国里起主宰作用的是精神"君主"——我。故论主把"我"称作"最胜尊"。

第一句:集中阐明最胜尊"我"以其强大而神奇的创造力,创造了一切存在。存在总的区别为两大类:一类存在是内在的、无稳定性的、瞬息即逝的;例如梦时境界。此即第二句义。另一类存在是外在的、相对地稳定的;例如醒时境界。此即第三句义。第四句:"最胜尊分别"中的"最胜尊"是主语,"分别"是动词,意即"构想、执着、制作"。意谓醒时和梦时这两类存在都是由最胜尊"我"在自心中制造出来的,故在本质上二者同样虚妄,无有区别。若说有所区别,只在于一者以"内在不稳定"形式出现(梦境),一者以"相对稳定"形式出现(醒境);就是说,二者只有存在的时间或过程久暂的差别,在虚妄的本质上并无不同。下一颂将再说明其原因。

> 14.　　　心时内在诸境界,
>
> 　　　　二时外在诸境界;
>
> 　　　　一切俱因分别起,
>
> 　　　　差别不是由他因。

释:本颂所用的"时"字似是论主独创的术语,有"时限、界限、范围、范畴"等含义。在这里作为"范畴"较为合适。因此,

第一句:"心时"即是"心理范畴",或者说"心理活动范围";谓在心理范畴内所产生的内在境界。第二句:"二时"即两个范畴。两个什么范畴?本论多处都讲到两个范畴(如第三章第 29、30 颂;第四章第 4、24、61、62、72、75、87 颂),特别是第四章第 72 颂的说明:"只缘心中有活动,能取所取成二元;心识永恒非物象,是故称

为无所著。"显然,此颂所说的"能取(能执)、所取(所执)"的二元正是本颂提出的"二时"——二范畴。"能取"即主观认识,"所取"即客观对象。"二时外在诸境界"就是说心理在能取所取二范畴内活动所产生的外在境界。第三、四句:总结地指出心里内在境界和心里外在境界的产生的根本原因——这两种境界的产生及其种种差别都是由于心理上执著或分别所引起,别无其他原因。佛家常说,"心生则种种法生,心灭则种种法灭",论主乔荼波陀似乎在这里对佛教这一哲学观点作了发展。

复次,第三句:"二时外在诸境界"需要再解释:论主在这两颂(13、14)是要着重阐明内在的精神境界和外在的物质境界都不过是心里(我)分别或构想出来的。外在境界统摄在两个基本范畴内(二时),即能取(能执)和所取(所执)。其中"能取"是认识主体,应属内在境界。为什么把它划归于外在境界?"能取"在这里可能是指"外感官"(根)而言;"能取、所取"是说外感官与外境界接触而产生的感性认识,而不是理性认识的内在心理现象。换言之,构成感性认识的主观和客观两范畴是外在的,构成理性认识的主观和客观两范畴是内在的,尽管这两种认识是唯心所现。

"二时"的"二",原文是"dvaya",本论校刊者月顶论师详引佛典,论证"dvaya"就是能取(能执)和所取(所执)二范畴。例如,他引无著的《大乘庄严经论》梵本第 11 章第 28 颂(汉译本第 7 卷第 17 品第 15 颂):①

---

①   此经梵本为法国 Sylvain Lévi 校,1907 年刊行。汉译本为波罗颇密多罗所译(约公元 630—633)。

（a）dvayagrāhavisamyuktam lokottaram anuttaram/

nirvikalpam malāpetam jnānam sa labhate punaḥ//

远离彼二执，出世间无上，

无分别离垢，此智此时得。

释曰：远离彼二执者，所执能执不和合故。

（b）svadhātuto dvayābhāsāḥ sāvidyaklesavṛttayaḥ/

vikalpaḥ sampravartante dvayadravyavivarjitaḥ//

（这个颂的旧汉译——波罗颇密多罗译本，译意不甚清楚，今改译如下：）

自界故有二相似，无明伴起诸烦恼，

如是产生诸分别，是故二实应远离。

《大乘庄严经论》这两个颂说明了（1）dvaya 就是指能取（能执）和所取（所执）两个范畴而言。（2）dvayābhāsāḥ（二相似）的"ābhāsa"，有"光线、光泽、类似、影象、幻影"等义。按照佛教教义。此处应作"影象、似物而起的影象或幻象"解，意即与具体景物仿佛的外在影子。（b）颂的意思是，阿赖耶识（内在的根本识）现起（产生）和自身（自界）相似的二现象（二实）——能取（能执）和所取（所执）。这二现象是由无明伴随而引生的烦恼，应该断除。论主说"二时外在诸境界"，把能取和所取俱看作是外在现象，其理论根据可能就在于此。

如上（第 13、14 颂）所论，梦时认识（能取）和对象（所取），以及醒时认识（能取）和对象（所取）在实质上同是虚妄不实，无有差别；但在获得认识的渠道上，或在认识形式上，是有某些差别的。下一颂将阐述这一点。

15.　　　其不显者为内在，

　　　　　其明显者为外在；

　　　　　妄执产生此一切，

　　　　　差别惟在根之异。

释：第一句："其不显者"是就梦中境界而言。在睡梦中，认识（能取）和对象（所取）是纯粹的内在心理活动，不表露于外，因而是看不见的。第二句："其明显者"是指醒时现实境界。在现实中，认识（能取）和对象（所取）俱表现于外，是看得见的，能直接感知的。第三句："妄执"是意识内的错误的执著、构想或设想。上述内外两种境界，都是意识活动的结果；在实质上，二者同是虚假不实，毫无区别。无区别而误认为有区别，便是"妄执"。第四句：内外两种境界，如果说有区别，那是仅仅在于"根"的不同而已。"根"即外在的五种感官。意识通过五种不同的外感官与五种不同的外境界接触。这种接触是外在的，看得见的，可以感觉到的。这就是说，无论梦中二元境界（能取、所取）或非梦二元境界（能取、所取）完全是由意识构想（妄执）出来的，在虚妄性质上，完全没有区别。其次，感官（根）有内感官和外感官之分。前者是"意根"，后者是眼、耳、鼻、舌、身五根。意识通过内感官认识包括梦境在内的内在境界，通过外感官认识外在的一切现实境界。这样，在认识形式上，心内境界和心外境界因认识渠道不同而有所区别，但由于它们都是意识外现的影象，所以都是虚妄，非真实的存在。

"妄执"具体地执什么，从而引起内外境界的差别？下一颂对此作出说明。

16.　　　妄执命根于初时，

其后又计各种有，

谓外在及内在有；

如其所知而忆念。

释：第一句："命根"，原文是 jiva；与此同义的词还有 ātman（我）、jantu（生物）、puruṣa（人、原人）、pudgala（人、个人），都是泛指一切有生命的生物或众生。故"命根"就是"我"——作为被妄执的对象（所取、所执）。"妄执"是指"能取、能执"的主体。这个主体也是"我"。此前第 12 颂讲的"以我执著我"正同此义。世亲的《唯识三十颂》第一颂说："由假说我法，有种种相转。"此中"我"与"法"，（一）我为能执，法为所执；（二）我、法二者俱为所执，内意识为能执。玄奘在《成唯识论》（第 1 卷）中解释："此我法虽在内识，而由分别似外境现。诸有情类无始时来，缘此执为实我实法。"这里，"似外境现"正是说明"我、法"是由内识分别现起的似是而实非之外境——所执境、对象。"无始时来"即本颂的"于初时"，都是强调世界自有生物那天起，生物便开始计执（能执之我）自己的生命（命根，所执之法）。故"我、法"二执，在佛家看来，是众生（有情类）内在思维（计执、分别）中最初的思维，或者说，最根本的"错误"思想。

我执和法执是佛教哲学中两个重要的范畴。我执，又称"我见"或"身见"。《俱舍论颂》说有五见："有身见、边执见、邪见、见取、戒禁取"，[①]把"身见"放在五见之首，表明"身见"（我见）是一切与"我"有关思想中的根本思想——既执我（主体），又执我所（客

---

① 圆晖《阿毗达磨俱舍论颂疏》第 19 卷第 45 页 A 面。

体），把主体和客体俱作所执（所执境）。我执，总的说来有两种：
"先天的"和"后天的"。前者生来具有，或者说，在宇宙间，生命与
"我执"同样古老，即所谓"俱生我执"；后者在出生后受到世间非佛
教理论影响（邪见）而引起，即所谓"分别我执"①。我执的外在形
式是"我"，它的内在性质是"误认非常为常"。玄奘在总结各种学
派（非佛教的所谓外道学派）关于"我"的观点时，把它们归纳为三
种："一者执我体常周遍量同虚空，随处造业受苦乐故。二者执我
其体虽常而量不定，随身大小有卷舒故。三者执我体常至细如一
极微，潜转身中作事业故。"②这三种"我执"表现形式不同，但设想
的主体性质却一样——常（把非常误作是常）。"我"与"常"的关
系是非一非异；执我必然执常，二者无法分开。执我和执常又叫做
二颠倒，谓"我倒"和"常倒"。前者把无我颠倒说成"有我"，后者把
无常颠倒看作"有常"（有常存不死之体）。③法执，和我执一样，同
是来自生命的开始。上边第 12 颂提到"以我执著我"中，前一个
"我"是能执之我（主观），后一个"我"是所执之法（客观）。（或者，
外在的主观和客观为所执，内意识为能执。）法执基本上也有两
种，谓先天的"俱生法执"和后天的"分别法执"。前者是与生俱来，
随着生命的出现而出现；后者是在世间受非佛教学说的影响而产
生。

　　第二、三两句：讲明基于最初之"我（法）"出现而衍生出其一系
列能执（妄计）和所执（有）。有，分为"内在有"和"外在有"。无著

---

① 玄奘《成唯识论》第 1 卷。
② 同上。
③ 圆晖《阿毗达磨俱舍论颂疏》第 19 卷第 46 页 A 面。

在《大庄严经论》(第 12 卷第 6 颂、释)说：

　　　　"佛说所缘法。应知内外俱；

　　　得二无二义，二亦不可得。

　　"释曰：佛说所缘法应知内外俱者，佛说所缘法有三种：一
内，二外，三俱。彼能取自性身等为内，所取自性身等为外。
合二自性为俱。"

此中"彼能取自性身等为内"是说能取主体意识本身的活动，称为
"内在有"；"所取自性身等为外"是说能取主体意识的对象，称为
"外在有"。"合二自性为俱"意即能取之主体与所取之客体的接
触，从而产生种种非佛教的邪见(分别)。外在有又称"心外法"，内
在有又称为"心内法"；前者是说表现为心外的对象或有或无，后者
是说表现为心内的对象常现常有(《成唯识论》第 1 卷)。

　　按大乘佛教观点。犯法执错误的主要是佛教小乘学派，犯我
执错误的主要是非佛教的外道论师。

　　最后，颂的第四句："如其所知而忆念"谓上述内外诸有——我
执和法执，是根据每个人自身过去和现在的经验和认识而形成有
关精神现象和物质现象的各种观点，并且被执著为正确的。

　　　17.　　　犹如一绳置暗处，

　　　　　　未能确知而妄计；

　　　　　　是蛇或流水等物；

　　　　　　妄执有我亦如此。

　　释：本颂用比喻来说明"我执"本幻的性质。这里举的比喻是
绳子与蛇或流水。谓人在黑暗中碰到一条绳子，因为看不见绳的
本相，误认为一条长蛇或一线流水。黑暗喻如无明(无智慧)，绳喻

如真我(梵),蛇与流水喻如假我(经验世界)。众生愚痴,没有慧眼,不能透视假我虚妄非真的本质,误执假我为真我(真实的存在)。

在《梵经》(Ⅲ.2.19—20)中有太阳和它的在水面上的影子的比喻。这个比喻有两层意义:(一)太阳(或月亮)把自己的影子折射到水面上,凡有水处都可以看见后者;太阳的影子虽然很多,却都不是真正的太阳,真正的太阳只有一个。太阳喻如真我,太阳投在水面上的影子喻如真我幻现在众生身中的假我(生命、个我),假我虽多,但都不是真我,真我仅有一个。(二)太阳喻如真我,绝对唯一,永恒存在;太阳在水面上的影子喻如假我(梦时境界和醒时境界)绝对虚妄,非真存在。这一意义正是《梵经》作者跋达罗延那(Bādarāyaṇa),特别是本论论主乔荼波陀构建他的"绝对无分别不二论"的基础。然而,商羯罗和其后的某些吠檀多论者对此持有不同的见解。商羯罗认为,水面上的太阳(或月亮)的影子毕竟是幻象,假我(现实的经验世界)毕竟是事实,二者并不是完全相类似。一物与另一物类比,这只能在二者之间某个共同的特点上进行,而不是在二物全部特征中都可以这样做。例如,太阳投下在水面上的影子,随着水面的扩展而扩展,随着水面的收缩而收缩,随着水面的波动而波动,随着水面的分开而分开。与此相类似,真我幻现的假我,跟着众生在苦海中浮沉而浮沉,跟着众生在六道中轮回而轮回。显然,在太阳和真我之间,在太阳折射在水面上的影子和真我幻化的假我之间,存在着一种彼此相类似的共同的特点;因而就在这一点上可以进行类比,而不是在二者的其他特点上作类比。在这里,商羯罗是在承认假我(经验世界)是事实,是一种相对的存在,并不是"绝对"的虚幻如影子,尽管在他看来,经验世界变易不居,最终归于消亡。这一见解是对乔荼波陀的绝对无分别不二论的修正和发展,并且具有开创吠檀多哲学的新纪元的重要意义。

18.　　犹如确知绳真相,

妄执随之而消除,

惟绳存在无有二;

我之决定亦如此。

释:本颂接上一颂的譬喻来阐明如何破除我执,认识真我。意谓:正如有人在明处认出绳的真相,他在思想上把绳当作蛇的错误立即消失。这时只见绳的本相,别无蛇的形状存在。破除我执的错误也是如此。人们一旦有了智慧,识破假我不外是真我的幻现,这时思想上执假我为真实的错误随即消除——舍妄归真,惟一无二。这便是解决假我、觉知真我的方法。

19.　　执着(我)为生命等,

及无终尽之诸有。

此乃提婆之幻现,

自身由此被误解。

释:本颂意在承上启下。承上:总结第16颂提出的内外诸有不外是真我的幻现;启下:从第20颂起至第28颂对诸有作具体的分析,阐明不同的哲学家或学派执不同的"有"。

颂的第一、二句是第16颂内容的复述。第三句说明诸有的来源。句中"提婆"(Deva)义同第12颂,"提婆"即"我"。此义来自《广林奥义》(Ⅳ.4.15):

"若人正确认识到:此乃我及天提婆,

过去未来自在主,不舍此我而远离。"

此中"提婆"意即"天","天提婆"简称即"提婆"或"天"。"我及天提
婆"是同位语,把"我"和"提婆"视作同一意义。这个"我"是指真
我。内外诸有就是真我外化的幻象(māyā)。第四句中的"自身"
是真我的本身。真我自身是真实的存在,真我外化的幻象则非真
实的存在。"幻象"即虚幻的存在(经验世界)。众生缺乏智慧,不
辨真伪,误执虚幻存在为真实——误解真我自身变现的幻象。

在第 16 颂中,论主以 jiva 来表示"生命"。在解释中,我们列
举了几个和 jiva 同义的词,即,ātman、jantu、puruṣa 和 pudgala。
在本颂,论主则用 prāṇa 一词来表示"生命"。在论主看来,prāṇa
也是 jiva 的同义词。jiva 的原义是"命、命根",转义为"生物、生灵、
个我";prāṇa 的原义是"呼吸、气息",转义为"生命、感觉"。奥义书
哲学家交替使用这两个词来表示"生命、命根、生灵、生物"等义。不
过,prāṇa 一词常见于古老的 13 种奥义书,[①] 而 jīva 在较晚的奥义书
出现。例如,"prāṇa-samjnako jīva 称为有生命(气息)的生物"[②];
"jagat-jīva-paramātmāno 世界—个我—上我"[③];"tadājīvan-mukto
bhavati 于是,今生便得解脱"[④];"jīvatma paramatmanoh 个我和
上我"[⑤];这几个例子很典型地说明 prāṇa 就是 jiva 的同义词;同时
也反映这两个词有俗谛上的同义,也有真谛上的同义。俗谛上的同

---

① 　13 种比较古老的奥义书:《广林奥义》、《歌者奥义》、《鹧鸪氏奥义》、《他氏奥
义》、《乔尸氏奥义》、《由谁奥义》、《石氏奥义》、《自在奥义》、《秃顶奥义》、《疑问奥义》、
《蛙氏奥义》、《白骡奥义》和《慈氏奥义》。

② 　《慈氏奥义》Ⅵ.19。

③ 　《宾伽罗奥义》Ⅱ.12。

④ 　同上书Ⅲ.2。

⑤ 　同上书Ⅳ.10。

义是"生命、生物、个我"，真谛上的同义是与梵同一："prāṇo vai brahmeti 生命就是梵"[①]；"prāṇo brahmeti 生命即梵"[②]。本颂和以下各颂多按俗谛来阐述。

20.　　　知命者妄执诸命，

　　　　　知大者妄执诸大，

　　　　　知德者妄计诸德，

　　　　　知实者妄计诸实。

释：本颂（至第 28 颂）具体列举各种"我执"和"法执"，以及能执的主体（人或学派）和所执的对象（抽象和具体的事物）。

颂的第一句："诸命"即第 16 颂中所列表示"命"的几个同义词——prāṇa（命）、atman（我）、jīva（个我、生命）、jantu（生物）、puruṣa（原人、人）pudgala（人、众生）。"知命者"意指奥义书中某些执命为我的仙人哲学家。执生命为"我"的理论，在奥义书中，特别是在《广林奥义》和《歌者奥义》，有较多的论述。在关于生命与肉体关系方面，一些"知命"的奥义书哲学家认为，"生命 prāṇa"永存不死；"肉体"是由"名"（精神因素）和"色"（物质因素）所构成，生命就是被这样的肉体外壳所包藏、遮盖着。[③] 生命是维系生命的气息（呼吸），是体内五气之首，[④]是支持肉体诸原素（风、火、水、土、言、意、眼、耳）中最为重要的原素；万物（精神的和物质的）皆基于生命而得确立（prāṇe sarvam pratiṣṭhitam）[⑤]。生命即是"我 ātman"，

---

①　《广林奥义》Ⅳ.1.3。

②　《乔尸氏奥义》Ⅱ.1。

③　《广林奥义》Ⅰ.C.1。

④　《歌者奥义》Ⅴ.19.2。

⑤　《疑问奥义》Ⅲ.3。

此我是遍在者(vaisvanara)。① 这种执命为我的理论正是《成唯识论》(第 1 卷)所概括"我执"三特征之一"体常周遍"。执此理论的当然还有别的学派如奥义书的"金胎派"(Hiranya—grabha,执金胎为命,执命为我),②以及奥义书之后的正理论派和胜论派等。

第二句:"诸大"(bhutāni)即地、水、火、风四大原素(或加"空"为五大原素)。原素说始于吠陀。一些有唯物主义倾向的吠陀哲学家最初猜测宇宙本原是由单一原素(水或火)③或复合原素(水—火—风)构成。长暗仙人在他的《万神颂》的长诗中,对多种物质进行了神格化,其中包括了地、水、风、火、空。④ 这反映吠陀哲学家还未弄清楚众原素之间的相互关系,他们只看到原素之间的相生一面,但还不知道它们之间的相克一面。然而,《梨俱吠陀》所提及的原素——地、水、火、风、空,无疑是吠陀以后的哲学流派所一致接受的"四原素说"或"五原素说"的滥觞。当然,这些后期的哲学派别对原素说的解释各有不同;有的解释是唯心主义的,有的是唯物主义的。就本论来说,"知大者"主要是指后者——唯物主义学派顺世论。顺世论哲学家坚持四大原素说,认为地、水、火、风四种物质是构成客观世界的本原;甚至主观世界的形成也是如此。因为生物界的肉体是一个由四大原素集合而成的整体;随着肉体的合成,便产生体内的意识(知觉、灵魂)。意识是随着肉体的产生而产生,随着肉体消亡而消亡。肉体内没有什么永恒不死的

---

①　《疑问奥义》Ⅱ.6。

②　《广林奥义》Ⅱ.6.1。

③　《梨俱吠陀》Ⅹ.121 及 129。

④　同上书,Ⅰ.164。

精神实体。

第三句:"诸德"(guṇa)是指数论哲学的"三德"——喜(satt-va)、忧(rajas)和暗(tamas)。数论哲学有一个叫做"25冥谛"的范畴系统。① 它是在奥义书范畴系统的基础上构筑而成的。② "25冥谛"范畴系统如下表:

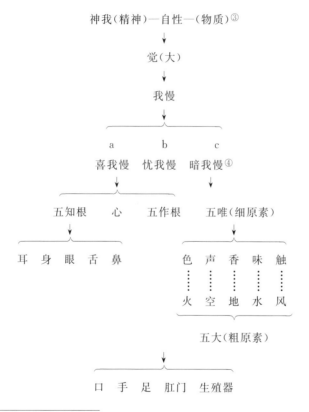

神我(精神)—自性—(物质)③
↓
觉(大)
↓
我慢
↓
a　　　b　　　c
喜我慢　忧我慢　暗我慢④
↓
五知根　心　五作根　五唯(细原素)
↓
耳　身　眼　舌　鼻　　色　声　香　味　触
⋮　⋮　⋮　⋮　⋮
火　空　地　水　风
五大(粗原素)
↓
口　手　足　肛门　生殖器

① 真谛三藏(公元557—569)译的《金七十论》第21、22颂。

② 《鹧鸪氏奥义》I.7(30范畴系统)。《疑问奥义》IV.8、4(36范畴系统)。

③ "神我"与"自性"二元论是数论(后期奥义书哲学)对"梵我幻"一元论(前期奥义书哲学)的发展。

④ "喜、忧、暗"作为自性本有的属性,不作独立的范畴。

按数论哲学,第一范畴"自性"有二解。一解是,自性是"原初物质",是宇宙的始基——精神世界和物质世界的产生、存在、变化、消亡的根本原因。另一解是,自性具有"非变异"一面和"变异"一面。前者为"神我",后者为"自性"。自性有三特征:喜(纯真)、忧(冲动)、暗(痴呆)。① 自性因神我的出现打乱了自身中三特征的平稳作用——后二特征压倒第一特征,使自性向神我靠拢,二者因而逻辑地结合起来,形成一种神奇的创造力,创造出精神世界(觉、我慢、五知根、心根、五作根)和物质世界(五唯、五大)。一旦自性的三特征的作用恢复平衡,这一系列精神现象和物质现象又自动地复归于自性。故"执诸德"实际上就是执着具有"喜、忧、暗"三特征的自性(与神我)为永恒的实体和世界的本质;而"知德者"正是构筑、坚持这一理论体系的数论哲学家。

第四句:"诸实"的"实 tattva",似是来自"tat tvam"这两个词。《歌者奥义》(Ⅵ.10.3;12.3;16.4;)一再强调这样一个蕴含奥义的句子:"(sa ātmā)tat tvam asi(那就是我)那就是你。"奥义书哲学家用这话来概述本体与现象同一的理论:"tat 那"意指绝对唯一之梵,"tvam 你"意指世间现象;二者同一,本无差别,这便是"tattvam 真理"。以后 tattva 变成一个中性名词。在《白骡奥义》里它既是一个名词,又是一个副词。名词表示"真实、真实性、真理、真理性"等意义(Ⅵ.3)。副词(tattvataḥ)表示"真实地,实在地"的意义。tattva 也用作 bhūta 的同义词,表示"诸大原素"(如地、

----

① 《金七十论》第13颂:"喜者轻光相,忧者持动相,暗者重覆相,相违合如灯。"此中"相"即属性、特征。

水、火、风、空等）。在哲学上，tattva 作为一个超验境界的范畴，表示不灭之神"诃罗 Hara"的真实的存在（"tasya …tattva-bhāvād"《白骡奥义》I.10）。"诃罗"是湿婆神（Śiva）的别称。本书校刊者月顶论师引喜山论师（Ānandagiri，约 14 世纪）的解释，颂中"诸实"是指湿婆教派所执的"我、无明、湿婆"的三个范畴。可以推断，这个解释显然是根据《白骡奥义》关于"诃罗"不灭之神的说法。"知实者"无疑就是执"我、无明、湿婆"三者为"我"的湿婆教徒。

21.　　知足者执为诸足，
　　　　知境者执为诸境，
　　　　知世者执为诸世，
　　　　知天者执为诸天。

释：此颂又列出另外四种"执我"的表现形式，即分别执"诸足"、"诸境"、"世间"和"诸天"为"我"。

第一句："诸足"的"足"原文是 pāda，有如下的意义："足、句、分、部分、四分之一"等。梵诗常以四句构成一颂；分开时，每一句单独称为"一足"、"一句"、"一分"或"四分之一"。"诸足"意指"四部分"或"全部"。执"诸足"为我这一思想源出《原人歌》（《梨俱吠陀》X.90.3）的第三颂：

如此神奇，乃彼威力，
尤其胜妙，原人自身：
一切众生，占其四一；
天上不死，占其四三。

"原人 Puruṣa"是吠陀哲学家把高级神群集中抽象化后构想出来

的一个永恒不变的实体。这个实体是物质性的还是精神性的，他们还没有弄清楚，但已赋予它以许多神奇的属性。像这首吠陀诗描绘的，"原人"一身四分，它的四分之一包罗世间"一切众生"，四分之三统摄"天上不死"诸神。"原人"这个构想到了梵书—奥义书时期演变为"梵 Brahman"，但仍然保持"原人"原有"一身四分"的特征，并在哲学上有所发展。例如，a) 梵（原人）的一身四分被看作主观世界的基础："彼梵有四分：言语为一分，生命为一分，眼睛为一分，耳朵为一分。斯乃就我言。若说及诸天，火神为一分，风神为一分，阳神为一分，方位为一分；如是双示教：我及诸神灵。"（《歌者奥义》Ⅲ.18.2）。"……生命为一分，眼睛为一分，耳朵为一分，心意为一分；此是梵四分，名为有入处（基础）。"（同书，Ⅳ.8.3）。b) 同时被看作客观世界的基础："……大地为一分，气层为一分，虚空为一分，海洋为一分，如是梵四分，称为无尽者。"（同书，Ⅳ.6.3）。又按喜山论师的说法，"诸足（四分）"指的是：我自身为一分，我之三特征（即，周遍 visva、炎光 Taijasa、有慧 Prājna）为三分，合称四分。如上所论，"一身四分"有主观的四分和客观的四分；但无论执前者为我、执后者为我，或同时执二者为我，都属于执我。

　　第二句："诸境"的"境"，原文是 viṣaya，意译为"境"或"尘"，即我们说的"客体、对象"。按《慈氏奥义》（6.31）"境"是"吸引五根（indriya，五感官）的诱惑者（apsaras）"。五根称为五道光束。它们是话语、耳朵、眼睛、意识、生命。在《疑问奥义》（Ⅳ.8）明确列出五根五境。五根是：眼、耳、鼻、舌、皮。五境是：眼所见者（色）、耳所闻者（声）、鼻所嗅者（香）、舌所尝者（味）、皮所触者（触）。佛教范畴系统在五根五境的基础上增加"意根（manas-indriya）"和"法境（dharma）"，合称为"六根六境（六尘）"。六境中前五种——色、声、香、味、触，是由四大物质原素构成的实物对象，称为"色"（有质碍的物体）。第六种"法"，本身也是物质性的，但不是具体而有质碍的实物；例如，地之坚性，水之湿性，火之热性，风之软性。这些物理性质，自身是物质（色），但非有障碍的实体，故俱舍宗把它叫做"无表色 avijñapti"，（《俱舍论颂疏》第 1 卷），即我们说的"抽象"的对象。能止恶作善的道德力量也属于无表色（无物质的外表，但有物质的作用）。六根接触六境产生六识。关于六根中的"意根"和六识中的"意识"的区别，大乘哲学（唯识宗）和小乘哲学（俱舍宗）各有不同的解释。小乘哲学认为，"意"为"识"之所依（基础），意识过去之念是"意根"，意识现在之念是"意识"。《俱舍论颂疏》（第 1 卷第 21 页）说，"应知六识转谢过去，能与后识为所依边，名为意界。故知六识居现在世名识，在过去名意。"在意识的过去认识活动和它的现在认识活动之间没有中断联系，后者得以前者为根据，故前者是"意根"，后者为"意识"。大乘哲学认为，心、意、识三者各有定义："集起名心"（第八识——藏识积集诸法的变现作用），"思量名意"（第七识——末那意识执藏识为我的思量作用），"了别名识"（前六识分别通过六根和六境的接触而产生的认识或了别的作用）（《成唯识论》第 3 卷第 7 章）。大乘哲学也承认，意识的前一念是它后一念之所依，前念称为"意"（前六识范围），但不是"意根"，第七末那识才是"意根"（前六识之根）。按商羯罗的解释，"境 viṣaya"是客体，"感知境者 viṣayin"是主体；前者是客观现象，后者是主观觉我。二者必须区别，不能相互混淆或相互替换。在客体和它诸特征中觉有主体,这是错觉;同理,在主体和它诸特征中觉有客体,也是错觉(adhyāsa,错误的附加、补充,即错误的反映,谓现在的回忆据过去经验对别的事物所作错误的反映。《梵经疏》绪论)。在商羯罗看来,客体和主体虽有区别,但都是虚妄非真。就本颂而言,无论执客观境界为我,或执主观境界为我,同样是执我。又按喜山论师的解释;"境 viṣaya"是五根接触的五境——色、声、香、味、触。它们一再为感官所感受,因而被认为是真实的存在(tattva)。据说,这一观点是传说为《欲经》(Kāmasūtra)作者犊子延那和唯物主义者顺世论派所主张的。

第三句:"诸世"的"世 loka"是指"世界、世间";准确地说,"生物赖以存在的世界"和"非生物赖以生存的世界。"最初,吠陀仙人猜测宇宙分为三部分——三世界:大地、气层、天空。奥义书哲学家把宇宙划分为有生命的世界(包括神、鬼、动植物)和无生命的世界(包括大地、气层、天空、山岳、丛林、草芥)(《歌者奥义》Ⅶ.10.1)。在奥义书之后,婆罗门教和佛教在吠陀的三界说的基础上发展各自的宇宙成生论。婆罗门教把宇宙(天地)划分为上界和下界,各由七个世界组成。上七界是:大地界、气层界、天空界、圣者界、人世界、苦行界、真理界(梵世界)。下七界是:无底界、露底界、液底界、大底界、固底界、底无底界、蛇魔界。这七个地下世界实际上是所谓地狱的异名,为死后有罪的灵魂前去接受苦报的地方。吠陀神话中还未出现地狱世界,但有一个"死人王国"的描述。死人王国的统治者名叫"阎摩 Yama",他的臣民是人类的祖先和死人的鬼魂。他的职守是专门为死人的灵魂开路,指引他们前往他的王国。他有两头四眼的神犬作为助手,协助他看守死后前来的鬼魂。这个死人王国并非后人所想象的地狱,设有种种惩罚死人灵魂的酷刑。相反,却有阎摩王恩赐给他们的福利和欢乐(《梨俱吠陀》X.14)。奥义书继承吠陀这个神话,认为人死之后,灵魂离开这个世界,乘风而上,奔向太阳,奔向月亮,奔向无热闹、无冰冷的他界;永恒定居在那里(《广林奥义》Ⅴ.10)。即使在较晚的奥义书中,阎摩和著名的大神如梵天、鲁陀罗、阿耆尼、婆楼那、因陀罗等平起平坐(《慈氏奥义》Ⅴ.5)。还为阎摩这个死人王国的君主大唱赞歌,宣传他的威德:凡举行"火神颂"的祭仪者,可以获得往生阎摩王国(同上书,Ⅵ.36)。这些可以说明,阎摩统治的死人王国并不是使灵魂受苦受难的地狱,阎摩本人不止是死人王国的君主,而且也是天国大神中的一员。显然,婆罗门教所说下七界——七层地狱是对"死人王国"神话的后期发展。佛教对吠陀的三界说的发展比婆罗门教更富有创造性。它把三界更名为欲界、色界、无色界。欲界由20个世界组成,其中前14个属下界(地界),后6个属上界(天界)。色界,又称四禅天,在欲界天之上,是纯粹天仙世界,由17个世界组成,即初禅天的3个,二禅天的3个,三禅天的3个,四禅天的8个。无色界,在四禅天之上,又称四空天,由四个世界组成——四个纯粹的精神性的意识而无物质性的肉体的世界。[1] 这三界——欲界、色界、无色界,是经验世界,受着生、住、异、灭的客观法则所制约;故称为"有漏、有为"的世界(有漏,意即有生死烦恼)。与此相对立的,是"无漏、无为"的世界(无漏,正好与有漏相反,没有生死烦恼),即佛家的超验世界——阿罗汉、辟支

---

[1]　详见《俱舍论颂疏》第8卷,《大智度论》第9卷。

佛、菩萨、佛陀这些超级圣者所住的神圣而又神秘的境界。本颂说的"诸界"是就有漏世界而言。意谓执我为有漏世界,或执有漏世界为我,都是错误的。

第四句:上一句讲的是器世间(非生物界)。这一句讲的是情世间(生物界),特别是比人类更高级的生物——诸天(devas)。这里泛指居住在天上地下的一切神灵。吠陀神话把宇宙划分为天地空三界,每一界有 11 个神,三界共住着 33 个神,常称为三十三天(《梨俱吠陀》I.139.11)。天界神中的首要者有:天光神、婆楼那友神、太阳神、日光神(初升的太阳)、毗斯纽神、无缚女神、补善神、孪生神、司晨女神、司夜女神等。空界神中的大神有:因陀罗、鲁陀罗、风暴神群、风神、雨神、水仙女神群等。地界神中的主要者有:地母神、火神、苏摩树神(有时称月神)、祷主神,以及一批大小河神。这些绝大部是自然现象神格化的具体神明。此外,还有一些由抽象概念神格化的抽象神灵,例如,创造神、生主神、卫护神、工匠神、阎摩神、阎美女神(阎摩之妹),等等。以上统称为三界善神(修罗 suras)。和善神对立的,是一类恶神(阿修罗 asuras)。恶神享有同善神一样的福乐,但没有善神那种善良的美德,而且常常和以因陀罗为首的善神为敌,故又称"非天"(有天神之福,无天神之德)。婆罗门教继承吠陀神群系统,创造一批新神群,如所谓九类神群——阳神群、宇宙神群、福富神群、喜足神群、光音天神群、阿尼罗风神群、大王族神群、成就神群和怖畏神群。佛教同样在吠陀神群基础上创立了比婆罗门教更为复杂的神群系统。正如第三句的解释,佛教把吠陀神话所说的天、地、空三界扩充为欲界、色界、无色界。欲界有 20 个世界,其中 6 个是天界,居民是比人类更高级的神仙。色界有 18 个世界,^①无色界有 4 个世界;这二界的居民全是超人的或只有精神而无肉体的神灵。如上所述,有吠陀神话中的诸天,有婆门教神话中的诸天,也有佛教神话中的诸天;但无论执著哪一类天神,无论执著一个神或几个神,都是一种错误的见解——执天神为我或执我为天神。

22.　　　知吠陀者执吠陀,

　　　　　知祭祀者执祭祀,

　　　　　知受用者执受用,

　　　　　知食物者执食物。

释:此颂又提出四种观点来批评。它们是:执吠陀、执祭祀、执受用者和执可食者。

第一句:"吠陀",从狭义上说,是指四种最古的吠陀本集,即《梨俱吠陀》、《娑摩吠陀》、《夜柔吠陀》和《阿闼婆吠陀》(它们的汉译名称是:《歌咏明论》、《赞颂明论》、《祭祀明论》和《禳灾明论》);从广义上说,是指四吠陀和用以解释它们的《梵书》、《森林书》、《奥义书》以及诸经书。此外,还包括吠陀支,即六种与学习吠陀有关的辅助学科:1)式叉论(语音学);2)阐陀论(音韵学);3)毗耶羯那论(语法学);4)尼禄多论(语源学);5)竖底沙论(天文学);6)劫波论(仪轨学)。广义的吠陀又被总称为"吠陀文献"。吠陀哲学家一般都承认吠陀经典是绝对神圣的,背诵吠陀经典的声音是永恒不灭的。这种执着,在本论论主看来,是不合理的,因为声音不是永

---

①　关于色界天的数目,佛教小乘各派计算不同。经部计 17 天,上座部计 18 天,大众部计 16 天。大乘唯识宗同上座部,认为色界共有 18 个天。

恒的,更不是终极的真理。其次,吠陀的声音是外在的,我是内在的,二者在性质上是矛盾的,前者无法等同后者。

第二句:"祭祀"即开始于吠陀时期的种种拜祭天地神灵的仪式。这里似特指阇弥尼(Jaimini,约公元前四世纪)编著的《弥曼差经》(mīmāmsasūtra)和山隐尊(Sabara,公元二、三世纪)的《弥曼差经疏》。在山隐尊之前也有几位注释家如觉延那(Bodhāyana)、持友(Bhartṛmitra)、神奴(Bhavadāsa)、柯利(Hari)和近雨(Upavarṣa)。不过,他们的著作早已逸失。按照这些弥曼差大师的看法,祭祀由三部分组成:祭品、神灵、祭行;三者缺一不可。祭祀代表真理,是"我"的体现。但论主认为,这种执着是荒谬的。

第三句:"受用"即"享受"。按数论哲学(Sāmkhyas),"神我"(Puruṣa)是享受者,自性(Prākṛti,自然)是制作者;后者为前者享用,故前者是享受者,不是创造者。数论这一理论来源于《慈氏奥义》(Maitzi,Ⅵ.10):"具有意识的神我(Puruṣa)住于原初物质(Pradhāna)之内,他是享受者,享受自性(自然提供)的食物。这个由诸大原素构成物质之我(bhūtātmā)就是食物;食物的制作者是原初物质……"《薄伽梵歌》一再复述这一观点:"祭祀苦行受用者,一切世间大自在,一切众生之善友,知我如是得寂静"(《薄伽梵歌》Ⅴ.29)。"我乃最大之神明,一切祭典享受者;不能如实了解我,彼将犯过而堕落"(同书,Ⅹ.24)。"住于自性之原人(puruṣa,神我),享用自性生诸德;诸德和合是彼因,生于真与非真处"(同书Ⅻ.22。此义已见于本论Ⅰ.9)。这里所谓"诸德"是说自性的"喜、忧、暗"三特征。当三特征处于均衡状态时,自性则为稳定的本体;但若失去平衡,自性便起变动,衍生出精神世界和物质世界;而神我正是世界万有的享受者。"享受"意味着在享受者自身中存在着变动;既有变动,便否定了神我绝对不动不变的性质。这说明数论哲学是一个在理论上自相矛盾的体系。

第四句:"食物"是被享用者,是享受者享用的对象。关于食物,奥义书把它拔高到最高范畴:"……这一切都建立在食物之上"(《歌者奥义》I.3.6)。"他知道,食物即是梵。真的,众生从食物生,靠食物活;灭亡时又归于食物"(《鹧鸪氏奥义》III.2.1)。"食物是最高之我的形式,因为生命是由食物构成的。如果一个人不进食,他便成为无思想者,无听觉者,无触觉者,无说话能力者,无嗅觉者,无味觉者,并且使生命丧失"(《慈氏奥义》VI.11)。这些论述显然把食物看作精神世界和物质世界的基础。一类婆罗门教徒,特别是婆罗门厨师就是执食物为梵我的真理。但这种执着是荒唐的。

23.　　知细物者执细物,
　　　　知粗物者执粗物;
　　　　知有形者执有形,
　　　　知无形者执无形。

释:此颂又对四种见解进行批判。这四见解分别是:执"我"为一个精细的实体、执我为一个粗糙的实体、执我为一个有形的对象和执我为一个无形的对象。

第一句:"细物"意指"极微"(aṇu,原子)。这是说有人错误地执"我"的形状,极其精细,犹如原子。执这一见解的主要是毗湿奴派(Vaiṣṇava)哲学家如罗摩奴阇(Rāmānuja)、念筏尔迦(Nimbār-

ka)、摩驮婆(Madhva)和伐拉婆(Vallabha)。这类观点也是来源
于奥义书。例如，"彼周遍显现，广大而神圣，不可思议相，细中之
最细；远中之最远，亦是在眼前；藏于秘密处，智者洞见之"(《秃顶
奥义》Ⅲ.1.7)。又如，"此极微是我，应由心了知；于中有感官，合成
有五种；以此五感官，感知心一切；于中清净时，此我即现前"
(同上书Ⅲ.1.9)。又如，"此乃最微细，不可得知见，称名为原人，非
先具知觉①。……"(《慈氏奥义》Ⅱ.5)。《梵经》(Brahmasūtra,
Ⅱ.3.19—32)亦有关于"我"的形状大小的讨论。商羯罗在解释中
批驳了执"我"为无知觉的实体和执"我"形状精细，犹如原子等观
点。

第二句："粗物"意指人类的由四大原素构成的肉体。"执粗物
为我者"是指一类唯物主义者——顺世论哲学家而言。他们执着：
物质的肉体就是"我"，离开肉体便没有我。在论主看来，"我"有知
觉，常存不灭。唯物主义者执肉体是我的理论不能成立。因为肉
体这样的物质不可能具有知觉，也不可能不灭。人在死时或在梦
中便无知觉；肉体任何一部分也无知觉；即使肉体各部分组合起来
也同样不能构成具有知觉的不灭的实体。

第三句："有形"即(神的)偶象。婆罗门传统论者(Āgamikas,
毗湿奴信徒或湿婆信徒)执"我"体现在神的偶象上，特别是手持三
叉戟的大自在天(湿婆)形象或手执圆轮的毗湿奴形象。这种观
点也是来源于奥义书："梵有二相：有形与无形，有死与不死，活动

---

① "abuddhipūrva"(非有知觉)，亦有诸作"buddhipūrva"(有知觉)。按数论哲学，
原人在未与自性和合时，不产生知觉。读作"abuddhipūrva"(非有知觉)似比较合适。

与不动,存在与实在(经验的存在与超验的存在)"(《广林奥义》
II.3.1)。传统论者片面地发展"梵"之有形理论,执大神的偶像为
我,以偶像代替真理。

第四句:"无形"意即"抽象"或"空"。和执有形论者相反,执无
形论者片面地发展"梵"之无形理论,执空为我。在论主看来,这个
"空"不能是绝对的空无所有。否则,情世间和器世间都失去其产
生、存在、变化的基础。因此,无论执我为有形或无形都是片面、不
合理的。

有人说,执无形论者是佛教大乘空宗的哲学家。佛教大乘空
宗的理论,经过龙树的创造性的阐述,已发展到具有完善范畴系统
的高级阶段,形成基于真空的"空、假、中"三谛原理:"众因缘生法,
我说即是空,亦为是假名,亦是中道义"(《中论颂》,观四谛品)。如
果说,对执无形论者的批评是针对佛教大乘空宗哲学家的,那只是
指大乘空宗的初级阶段而不是指它的高级阶段。当然,大乘空宗
的理论,从根本上说,是在奥义书"二梵论"的基础上逐渐发展起来
的一种新的、完整的理论体系,是对印度传统唯心主义哲学的一个
重大而独特的贡献。

> 24.　知时间者执时间,
> 　　知方位者执方位,
> 　　好辩论者执辩论,
> 　　知诸有者执诸有。

释:此颂又提出四种外道观点进行批判。它们是:时间论、方
位论、辩论论和诸有论。

第一句。时间论者,是指天文学家而言。时间,包括过去、现

在、未来的三时或三世。三时说,最早见于吠陀,[①]其后奥义书哲学家发展了三时存在论,探讨了时间是否是宇宙的生因。《白骡奥义》(Ⅰ.2)说:"时间与自性,必然与偶然,胞胎与原人,诸大应被思。以有我在故,集合亦不成;苦乐二因中,我亦非主宰。"这里提出的问题:时间、自性、必然、偶然、胞胎、原人、诸大原素等现象,哪一种是宇宙的生因? 实际上这些现象都不是宇宙的第一因——生因。由于有"我"的存在,这些现象即使集合在一起,也不构成宇宙的生因;而"我"也不是决定苦乐的因素。(这里说的"原人"是一般意义上的人,"我"也是一般意义上的我——意识,感觉。)那么,何物是宇宙的生因? 同书(Ⅵ.1)指出:"有智者宣说,自性是生因,其他愚痴人,执时为生因。然此世界中,是神之洪德,发动梵之轮,永转不休止。"这是对何物是生因的回答:宇宙真正的生因是神,是梵,而不是现象界的时间或其他。

在奥义书之后,亦有执时间为宇宙生因者,如大史诗《摩诃婆罗多》所记:"时间消磨诸大种,时间吞噬众生物;时在熟睡者醒觉,时是难以超越者。"这反映有的哲学家执时间为一抽象的精神实在,是万物的生因。但也有的哲学家执时间为一极其微细的物体,肉眼虽然看不见,但世人从所知道的过去、现在、未来三段时限推断,时间是具体的存在。例如,被佛教称为时散外道的哲学家认为,人们"目见草木等物,时有生花,时有生果,时有作用,或舒或卷,使枝条随时荣枯;时虽微细而不可见,然以此华实等,则知有时也"[②]。

---

　　① 《梨俱吠陀》Ⅷ.41.3。

　　② 《华严演义·九》。佛教经论如《大日经疏》、《瑜伽师地论》、《成唯识论》、《外道小乘涅槃论》等,俱有非佛教论师的时空论的记载。

这是肯定时间是一个实体,有其客观存在的具体方式。奥义书中的唯心主义哲学家否认时间的存在,唯心主义地用"梵"来代替"时"的作用;这恰恰反映他们看到的是"时"的客观存在,而不是他们幻想中的梵或神。

第二句。方位论者,泛指占卜吉凶的星相学家(类似中国的风水先生)。方位,泛指十个方位,即东南西北,上下四维。所谓方位论即今之空间论。按吠陀神话,大神婆楼那创设了方位[①](和时间),方位是神的外在表现,但与神同质同体,和神一样;所以"方能生人,人能生天地,灭后还入于方"。也就是说方位是万物的生因和灭因。

第三句。原文 vāda 似有二义:一指炼金术(dhātuvāda)或神秘咒语;一指理论的辩论。本颂是指后一义。古代印度宗教家和哲学家喜好辩论,他们把印度河在吠陀时期人格化的萨罗婆缚底(Sarasvati)女河神奉为辩才天女、智慧女神;祈求从她那里获得超人的智力和口才。佛教同样崇拜辩才天女。佛教有四无碍辩,称为智辩。在印度的辩论家看来,辩论是智慧的表现,智慧即是"我"。

第四句。诸有:a)吠陀所说的天、地、空三有;b)吠陀后佛教宇宙论的欲有、色有、无色有。又三有亦称三界(参见本章第2颂,第二、三句释)。

> 25.　　知末那者执末那,
>
> 　　　　知菩提者执菩提,

---

① 《梨俱吠陀》Ⅷ.41.3,4。

知质多者执质多，

知而执法非法者。

释：本颂又指出四种变相的我执，即执末那、执菩提、执质多、执法非法。

第一句。末那（manas），通译为"意、意识"。"末那"一词最早也是见于吠陀；"初萌欲念，进入彼内；斯乃末那，第一种识"①。吠陀哲学家首先认为，生物界最初的欲念产生了意识，即人类的第一种识；所谓种识，是说由它衍生出种种心理活动或现象。后吠陀的哲学流派，除了顺世论之外，都接受了这一观点，并且按各自的需要加以发展。顺世论是一个朴素唯物主义哲学派别；它也承认意识是"我"，但意识是在以物质为基础的肉体构成之后才出现的；这就是说，意识（我、灵魂）是随肉体的产生而产生，随肉体的消亡而消亡；没有永恒的"我"的存在。本句所说的知末那者，按喜山论师的意见，是指顺世论哲学家而言。

第二句。菩提（buddhi），是佛教用语，意即是"正觉、觉悟、正慧、智慧"。佛经中常常提到"正等正觉 samyaksamboddhi"，一种佛教圣者所悟得的最高精神境界。按佛教教义，一个发誓修行成佛的行者（菩萨），必须遵守戒定慧的规定，并在菩萨的实践中体现这些规定，循序渐进，直至最后阶段；或者，由于具有特殊的才能或智慧，顿然觉悟，越过正常的修持程序，达到最后阶段；这个最后阶段就是所谓正等正觉，或者称为"无上正等正觉 anuttara-samyak-sambodhi"，是佛陀所证得的大觉境界。这是"我"的最高升华，是

---

① 《梨俱吠陀》Ｘ.129.4。

"常乐我净"的"我";它的外在形式是:寂静自在,圆融周遍,具足功德,具足智慧。

第三句。质多(citta),也是佛教用语,意即"心、心思、心识"。心的理论是一切佛教经论的主要命题,可以说,无经不说,无论不议。从哲学上说,佛教经论关于心的种种解释几乎都是站在唯心主义立场上做出的;其中最典型的要算瑜伽行派或唯识论者。唯识论者坚持认为,识外无境,境唯识现。按佛教的范畴论,心有心法(心王)和心所法(心之属性)之分。在小乘75个范畴中,心法占一个,心所法占46个;在大乘100个范畴中,心法有8个,心所法有51个。心法一个是独指意识而言;心法8个则包括前六识、末那识、阿赖耶识。一切外在的和内在的境界或现象都是由心法,即八识心王变现而存在。执质多论者(唯识论者)认为,在八个心法中,前七个有生有灭,最后一个——第八阿赖耶识不生不灭,故后者为永恒不死之"我"。

第四句。法及非法(dharma-adharma),有的哲学家(主要是胜论学派)解释为"善"与"恶",或者说是一种"不可见力"(意谓善恶行为的潜隐后果,虽然看不见,但对心灵或精神说来却具有持久的影响力或约束力)。知法与非法者正是执这种不可见力为"我"。其次,印度哲学流派虽有各自的范畴系统,但也有一些共有的范畴。法和非法这两个范畴是弥曼差论、胜论和耆那教所共有。所谓知法及非法者就是指这些哲学派别而言。

26.　　　有执之为二十五,

　　　　　有执之为二十六,

　　　　　有执之为三十一,

又有执之为无尽。

释:本颂又提出四种我执来评述。这四种执着都是执我的外在表现形式。执著者酷似盲人摸象:有说我表现为 25 个范畴,因而执 25 范畴为我;有说我表现为 26 个范畴,因而执 26 个范畴为我;有说我表现为 31 个范畴,因而执 31 个范畴为我;还有人认为我的杂多形式是不可穷尽的,因而执无穷无尽现象为我。

第一句:执"二十五"者是数论师。数论哲学有一个叫做"二十五冥谛"的范畴系统(参看本章第 20 颂第三句释义)。

第二句:执二十六者是瑜伽论师。瑜伽哲学(Yoga)在采用数论的 25 范畴的同时,增加一个"自在天",构成 26 个范畴系统。梵语 īśvara(自在、自在天),最初的吠陀形式是 iś[①]和 īśāāna[②]。其后,在梵书、奥义书等后吠文献中,又增加了两个形式:īsa、īśvara。这个词的原意是"统治、权力、王权、财富"等;作为神名,是湿婆(Śiva)、毗湿奴(Viṣṇu)、鲁陀罗(Rudra)、鸿贝罗(Kubera 财神)等的代称,但主要是指湿婆神而言。例如,常见的 Maheśa,Maheśāna 或 Mahesvara——大自在天,都是对湿婆神的尊称。在奥义书中,梵创造了诸神和自在天;[③]自在天成了无形之梵的一个外化形式(有形之梵),二梵(梵与自在天)同体同一。瑜伽论师把"自在天"作为第 26 个范畴是要表明"自在天"在哲学上就是"梵",就是"我"[④];是精神现象和物质现象的总根子、总源头。

---

① 《梨俱吠陀》Ⅷ.44.18;Ⅶ.4.6。
② 同上书Ⅸ.86.37;Ⅹ.9.5。
③ 《广林奥义》Ⅰ.4.11。
④ 《慈氏奥义》Ⅵ.8。

第三句:执"三十一"者是婆罗门教的兽主派(Pāśupatas)。事实上,兽主派所执的范畴不止 31 个,而是 36 个。它们是:1.湿婆神(Śiva):2.力(生殖力 śakti);3.常在湿婆(Sadā-siva);4.自在天(iśvara);5.明(vidyā);6.原人(puruṣa);7.幻(māyā);8.时(kā-la);9.决定(niyati);10.工艺(kalā);11.无明(avidyā);12.爱欲(rāga);13.自性(自然 prakṛti,或非变异性 avyakta);14.大(mahat,或觉buddhi):15.我慢(ahankārā);16.意(manas);17—21:五知根(jnānendriyas);22—26.五作根(karmendriyas);27—31.五微(tanmātras);32—36.五大(bhutan)。有些注疏家(如《大义花束Mahārthamanjali》的作者)认为,8—12 的五个范畴实际上是"幻(māyā)"所幻现的形式,可以省略;这样,构成 31 个范畴,正好与本句所说的范畴数目相应。

兽主(Paśupati 或 Paśunātha),在吠陀是对鲁驮罗(Rudra)和湿婆(Śiva)二神的合称。吠陀后,则专门用以尊称湿婆。兽主派所执 31 个范畴中的第一个就是"湿婆神";这表明兽主派独尊湿婆,是湿婆教的一个支派。

第四句:执无尽者是说一类哲学家认为宇宙现象无穷无尽,而说明它们的范畴数目也同样无穷无尽。佛教的大乘《华严经》(十地品)提出"十无尽句":1.众生界无尽;2.世间无尽;3.虚空界无尽;4.法界无尽;5.涅槃界无尽;6.佛出现界无尽;7.如来智界无尽;8.心所缘无尽;9.佛智所入境界无尽;10.佛智所证境界无尽。这十个"无尽"中,前四个是讲经验世界现象,后六个是说超验世界现象。本句说"执无尽者"是指执经验世界现象的哲学家而言。

27.　知世间者执世间，

　　　知四期者执四期；

　　　有执阴阳中三性，

　　　另有执上执下者。

释:此颂论述另外四种有关我的执著。

第一句:"世间"是"人世间、尘世、世人"。谓世人执世间的苦乐为实有,以为体验苦乐者就是我。又世间,亦指三世间或天、空、地三界(参看本章第21颂)。

第二句:"四期",婆罗门教把人的一生划分为四个不同的生活阶段,称为居家生活的四个不同的时期。它们是:1)梵行期(学生时期,从婆罗门老师修学吠陀有关的经典和各种入世实用的学科);2)家居期(学成回家,娶妻生子,成家立业,尽社会义务);3)林隐期(到了退休年龄,偕同老妻或独自一人,脱离世俗,隐居林野,念经参禅,静修养性);4)苦行期(林居修行到最后阶段,作苦行僧,磨炼自己的肉体和意志,求取精神的彻底解脱)。按婆罗门教教规,人生的四个生活阶段只限前三种姓(婆罗门、刹帝利、吠舍)适用;第四种姓(首陀罗,或贱民)无权按此规定生活。三种姓在第一期(梵行期)的年限上各有不同。婆罗门是 8—16 岁;刹帝利是 11—22 岁;吠舍是 12—24 岁。四姓的前三种姓者执人生四期生活是自在天所规定,因而也是婆罗门的宗教生活方式,是与净化灵魂(我)有关的。

第三句:这是指梵语语法学家而言。梵语的实词有三性、三数、八格之分。三性是:阳性、阴性、中性;三数是:单数、双数、复数;八格是:主格、宾格、具格、为格、离格、属格、位格、呼格。语法学家相信梵语是梵天所创造的语言,是梵天的神圣音符,是永恒存在的;因而在哲学上执声音像灵魂(我)一样,常住不灭。

第四句:"执上执下",上是上梵,下是下梵(《广林奥义》Ⅱ.3.1);又上是上智,下是下智(《頍顶奥义》Ⅰ.1.4—5)。奥义书哲学家假设"梵"为宇宙本体,它有绝对抽象的一面,又有相对具体的一面;前者称为上梵,后者称曰下梵。上梵是上智认识的对象,下梵是下智认识的对象。奥义书哲学家执上梵与我同一,或执下梵与我同一。

28.　　　　知创世者执创世,

　　　　　　知毁灭者执毁灭,

　　　　　　知安住者执安住;

　　　　　　一切永恒在此间。

释:此颂是对执著三大神偶像的批判。按奥义书哲学,无形之梵(上梵)外现为有形之梵(下梵)。上梵是梵的绝对方面,下梵是梵的相对方面;前者是唯一无二,后者是差别杂多。三大神——创世神梵天(大自在天)、毁世神鲁陀罗(湿婆)、护世神毗湿奴(黑天);此三者是下梵杂多形式中最主要的形式。然而,下梵毕竟不是真实的存在,真实的存在是上梵。无知凡夫,不懂此理,妄执其相;就是说,信奉自在天者,执创世为真实;崇拜湿婆者,执毁世为真实;信仰毗湿奴者,执护世为真实。

"此间"有二义。一是"幻我",谓上述一切执著常常是因为有"幻我"的原故——幻我执幻相为真相。二是"真我",真我是与上梵同体同一。《广林奥义》(Ⅱ.6.1)说,"他正是此我。此我不死,此我是梵,此我乃一切"。《歌者奥义》(Ⅲ.14.3)说,"的确,此一切是梵,是 tajjalān……"。按商羯罗的解释,这个梵字是由"ja-la-an"三个成分构成,含有三义,即"产生、毁灭、存在";存在,是在产生与毁灭之间的存在。这三个音节正是梵天、湿婆和毗湿奴三大神的代号或密码,同时反映着自然界的产生、存在、消亡的客观规律。然而,在真我观上,这些自然现象是假非真;如果执假为真,则是愚痴的认识。

> 29.　　　凡事出现于眼前,
> 　　　　　彼即观察为存在;
> 　　　　　存在令彼得满足,
> 　　　　　妄计由是占有他。

释:此颂对以上种种有关我执作一小结。

前两句:"事、事物"是"有、存在、现象"的同义词,总的表示如幻非真的现象界(精神现象和物质现象)。不懂得现象界"如幻非真"的人,把看见的现象执为实在。

后两句:"满足"意即"认为是对的,是真实的"。"妄计"即"错误的认识和判断"。由于不知道如幻非真的道理,把非真实的存在误作真实的存在,并且自以为是正确的。但结果适得其反——错误的认识占有了他。

前边所讲的种种执著——错误的认识和判断之所以出现,正是由于对"如幻非真"的道理的无知。

> 30.　　　诸有与(我)原无异,
> 　　　　　认知无异中有异;
> 　　　　　如是如实理解者,
> 　　　　　毫不迟疑作分别。

释:这个颂和以后几个颂将正面阐述真我"非一非二(异)"的原理。

前两句:原文 eṣaḥ(它)是指"真我"而言。"诸有"总的指"三有"或"三界"的存在或现象。按真我原理,真我之体,寂静周遍,唯一无二,故是"非二"。真我微妙,具大幻力,外现幻相——经验世界的无限杂多的现象,故是"非一"。"非二非一"正是颂中说的"无异中有异"。

后两句:"如实理解"即如实理解真我"非二非一(无异中有异)"的道理。做到如实理解,便不会错误地执真我幻现的杂多现象为真实的存在;同时,也不执着真我,因为真我本体,寂然清净,离一切相;既不可执,亦不可得,能执所执,二无分别。站在无分别的正确立场上,即使对世间纷纭杂多的事物或现象进行分别、判断,也不致陷入为它们所迷惑的困难境地。

<blockquote>
31.　　　吠檀多论哲学家,

如是观察此世界:

如见梦境与幻象,

如见乾达婆城楼。
</blockquote>

释:从这个颂至第 38 颂阐明"非一非二(无异中有异)"的真我原理就是吠檀多哲学。

前两句:"吠檀多"(Vedanta)学派是直接继承、发展奥义书哲学的学派。奥义书哲学的核心理论是:原人即梵,原人即我;梵我一如,梵我同体——"大地中光辉不死的原人,身中光辉不死的原人;这正是我,是不死者,是梵,是一切"(《广林奥义》Ⅱ.5.1—15)。此中"原人"是奥义书前吠陀哲学家最早设定的最高精神实在;到了奥义书,发展而为梵我同一的本体(真我)。奥义书哲学家一般地把梵看作客观世界的本原,把我看作是主观世界的本原。因而,从总体上观察,现象界,无论它是精神的或物质的,都是梵我本体以自身幻力,外现的幻相;故是如幻非真,不是实在。

后两句:"乾达婆 Gandharva"意译为"香神、香音神",是吠陀神话中的一类小神,生活在因陀罗统治的空界(大气层)。他们是天生的音乐家,专门为天上神祇演奏各种乐器。因为他们的宫室是建筑在半空中的,就像我们人间说的"空中楼阁"或"海市蜃楼",所以佛教徒在讲到世间无常、苦空时,便用梦境、幻象和乾达婆城来做比喻。吠檀多论者在观察世界时,像佛教徒那样,也借用梦境、幻象和乾达婆城来做比喻;故本颂的后二句是说,吠檀多学派的智者观察世界,正像见到梦中境界和魔术师变出来的幻象,也像见到空中的乾达婆城,完全是虚假的现象,不是真实的存在。

> 32.　　无灭亦无生,
>
> 　　无缚亦无成,
>
> 　　无欲脱已脱,
>
> 　　斯乃胜义性。

释:这个颂讲的是佛家哲理。颂中"无缚"意即无烦恼的缠缚;"无成"意即无修行的成就;"无欲脱"意即无有正在求解脱者;"无已脱"意即无已获得解脱者。这一佛家哲理散见于佛教大乘经论。例如,梵本《楞伽经》(Lankāvatāra-sutra)说,"世尊说诸法,无灭亦无生"(第 191 页)。又说,"大慧,此中无有缠缚,无有解脱"(第794 页)。又如梵本《大乘庄严经论》说,"非有非非有,无如亦无他;既无生与灭,又无有舍离;亦无所增益,又非有清净。而为清净者,彼乃胜义相"(第22页)。又如梵本《入菩提行论》说,"无灭亦非有,(诸法)常如是;无生亦无灭,是世间一切"(Ⅹ.150)。事实上,这个颂是在复述龙树《中论》开章颂的"八不"原理:"不生亦不灭,不常亦不断,不一亦不异,不来亦不出。"这是一个完全的否定模式或哲学方法,龙树以此来表述他设定的"空义"或诸法实相。空义、实相,正是本颂说的"胜义性"。

　　乔荼波陀本人是一位著名的吠檀多论师,但他深受佛家哲学的影响,并吸收它的精华部分来丰富自己的理论体系。这反映他不仅没有或者很少有保守的门户之见,而且还博采众说,择优而用。

33.　　　诸有本来非实有,

　　　　　以不二故妄分别;

　　　　　又由不二生诸有,

　　　　　是故不二性吉祥。

　　释:这个颂阐述吠檀多学派的理论精髓"不二论"。吠檀多学派主要有两个:一派执无分别不二论,另一派执有分别不二论。前者是本论论主乔荼波陀所创立,并由商羯罗继承、发展;后者是罗摩奴阇所主张。本颂讲的是乔荼波陀的无分别不二论。所谓无分别是说"不二性"中能执的主体和所执的客体俱无分别,同一不二,超越经验世界一切生灭、有无的矛盾,寂静常住,故曰吉祥。然而,凡夫无知,未悟不二性的原理,误执不二性外现的幻相为实有——有能执的主体和所执的客体。

　　在上一颂(31颂),我们看到乔荼波陀引用佛家哲学的否定模式。在他看来,佛家的否定模式和他的无分别不二论在理论上并无二致,把它吸收进来,不仅可以丰富无分别不二论的理论体系,而且还可以表明他的吠檀多哲学比佛教大乘空宗无稍逊色。

34.　　世间现有种种相,
　　　　非因他性及自性;
　　　　尤非有异与非异,
　　　　悟知真理者知此。

释:此颂进一步阐明宇宙现象为什么是如幻非真。

前两句:"他性"意指别的物体;"自性"意即本身。世间种种现象之产生,并不是由于别的物体或由于自身。这个观点显然来自《中论》:"诸法不自生,亦不从他生,不共不无因,是故说无生"(观因缘品第一)。本颂只采用这个《中论》颂的前两句,目的在于说明世界的杂多现象既不从其自身产生,也不是从自身以外的他物产生,而是不二真我的外现幻相。

后两句:不二真我外现的幻相纷纭杂多,故曰"有异";但幻相毕竟是如幻非真,不是实在,离开不二真我便不存在,故曰"非异"(并非与真我有异)。这个道理,只有悟知真义者才能理解。"异、非异"的理论在《中论》中也可以找到它的渊源:"若人说有我,诸法各异相,当知如是人,不得佛法味"(观然可然品第十)。

35.　　离欲离怖及离瞋,
　　　　吠陀彼岸众牟尼;
　　　　观察此乃无分别,
　　　　不二息灭诸戏论。

释:此颂指出谁是懂得"异、非异"道理的人。

前两句:"吠陀彼岸"意谓越过吠陀知识海洋而到达彼岸,即完全精通与吠陀有关的一切经典文献。"牟尼 muni"意为"寂默"是印度智者、圣者的通称。这些牟尼都是苦修瑜伽的圣者,他们由此解脱了贪欲、恐怖、瞋恨这些根本烦恼的缠缚。他们正是上一颂说悟知真义之人。

后两句:"无分别"即没有能执的主观和所执的客观之间的区别,是二者同一不二的超验境界。观察到这一超验境界的牟尼,自然不再在语言文字中讨活计,故曰"息灭诸戏论"。"戏论 prapanca",用我们的话说,便是语言文字或术语概念;按通俗说法,就是文字游戏。正如月称论师在他的(梵文)《中论释》中说,"戏论是以语言分析意义,是用戏论来解释非戏论,是用语言表述超表述。这就是戏论的意义"(第 373 页)。但本颂说的"息灭诸戏论"实际上采用了龙树的说法:"自知不随他,寂灭无戏论,无异无分别,是则名实相"(《中论》,观法品十八);"诸法不可得,灭一切戏论;无人亦无处,佛亦无所说"(同书,观涅槃品二十五)。

prapanca 在乔荼波陀以后的吠檀多著作中另有新义,不作"戏论"解,而是"宇宙扩充"的意义。这与龙树作品中的原义和乔荼波陀的解释不一样。因此,就本论来说——按乔荼波陀的用法,仍然按佛家观点解释为"戏论"。

> 36.　　如是了知灭戏论,
> 　　　　念念应系不二中;
> 　　　　证得不二境界已,
> 　　　　如一愚者行世间。

释:第 36、37、38 三个颂描述牟尼圣者在悟得不二性后的超验思想境界和与凡夫迥然不同的行动方式。

前两句:意谓既然知道戏论无助于解决内在的超验觉悟问题,便没有必要再把脑袋埋在术语概念、文字语言的迷阵之中;应该把思维或忆念紧密地和超验的不二境界联系起来——把思维和精力完全集中在对高深的禅理的参究上。《歌者奥义》(Ⅶ.26.2)说:"饮食净时,本性亦净;本性净时,忆念坚定;忆念坚定时,一切心结获得解脱……。"此中"忆念"也正是我们常说的"反思"。这说明把反思集中在超验之梵身上所得的超验效果。

后两句:"证得不二境界",这境界正如《歌者奥义》说的,"一切心结获得解脱"。证得这一超验境界的瑜伽行者,其思想深处已消失了能执和所执之间的区别;心中已"无所得,无有罣碍,无有恐怖,远离颠倒梦想"(参见《般若波罗密多心经》)。至于他在世间的行为方式,则酷似一个愚者所为,一切无所执著。这就是常言所谓大智若愚。传承经典中(Smṛti)有一首描写智者若愚的颂诗被商羯罗复述在他的《梵经疏》(Ⅲ.4.50):

> 智者依住甚深法,行于秘密之所行,
>
> 酷似瞽者与愚人,亦如哑巴行大事。

37.　　　不唱颂歌不敬礼,

亦不举行祖先祭,

居无定处行无羁,

应是一名苦行者。

释:在上一颂,说证得不二境界的人,就像一个愚者游化世间。本颂指出,这类"大智若愚"的人通称为"yati 禁欲者、苦行者"。苦行者的生活和行动方式有这样的特点:1)对谁都不唱赞歌,也不行礼问好;2)不循家规而按时举行祖先祭(每天给祖先的神位献供);3)居无定处,行动自由(典型的游方僧,托钵乞食,四海为家)。第一个特点说明,苦行者的内在精神世界是神圣至极的世界,在外在的形式上他和神平起平坐,毋须再向任何或大或小的神祇合什行礼、高唱赞歌。第二个特点说明,祖先祭是一种家庭的祭仪,每天由男性家主向祖先灵位献供,祷求死后灵魂和祖先一样往生阎摩王的天国(吠陀时期,阎摩王是天上的神王,不是地狱的鬼王)。但是,对于一个证得不二境界的苦行者来说,生与死都已失去约束力;他的灵魂清净解脱,超越经验世界的一切,自身具足超验世界的常、乐、我、净的四德。他完全没有必要祈求死后灵魂往生天国。第三个特点说明,苦行者的内在精神世界和外在的物质世界已在他的慧眼观察中完全达到同一;宇宙之内,无处不是他的住处,故曰"居无定处"。他的灵魂摆脱了能所执著的桎梏,因而自然而然地形成自己行为上的自觉性、自律性和规范性,故曰"行无羁"。

38.　　　洞悉内在真实义,

　　　　　亦从外在见斯理;

　　　　　融会真实乐于中,

　　　　　永不退却舍真实。

　　释:本颂是本章的最后一颂,它从理论上总结一个证得不二性的苦行者的超验的精神世界(如前边二颂所描述的)。

　　"真实义"即真理。真理的内在本质和它的外现形式,原是同一不二,圆满周遍。一个证得不二性的人,从其内在的反思中体验到真理,从其外在的观察中也同样体验到真理。因此一个苦行者一旦把自己的心灵和肉体完全融合于真理境界,他将与真理永恒同在,绝不会中途退却,抛弃真理。这就是说,修行不二真理者,在身心彻底地融入真理时,真理既不可得,修行者本人也不可得。月称论师在他的《中论释》(梵本,第 348 页)中说:

> 观察内在空,观察外在空;
>
> 修行空性者,彼亦不存在。

对照月称这首颂诗,本颂(第 38 颂)显然包含着月称的理论成分;或者说,本颂似是以不同的语言复述月称这首颂诗的内容。

不二章第三

　　[本章提要:本章共有48个颂。在这一章里,乔荼波陀对绝对无分别不二论的"不二"的哲学内涵作更深入的探讨——他阐述了不二境界的几个显著的特征:(一)不二即我。我,有"大我"和"小我"。大我如虚空,小我如瓶里空。小我在破除妄执障碍时,便与大我相融合;大我唯一不二,清净自在;犹如瓶里小空在瓶破时汇入太虚空,虚空广大无边,一体周遍。(二)不二即梵。梵,有"上梵"和"下梵"。"上梵显示若虚空",上梵具足殊胜义;"不二即是至上义";此中"殊胜义"和"至上义"是同一哲学内涵,故不二即梵,梵即不二。(三)不二即无生。不二即无差别,无差别即是无生。"无生绝非有差别。""由于因之不可得,故说一切皆无生。"此中"因"谓产生世间一切精神现象和物质现象的原因(生因)。"梵"通常被说成是世界的生因。奥义书否定了梵的有形和无形的两个形式,故说"因"不可得。世界既无生因,则一切便是无生。(四)不二即幻。常识认为,主观世界和客观世界都有刹那生灭变化现象,云何无生? 云何不二? 犹如梦里之意识,因幻而动见有二;醒时意识亦复然。"因幻而动见有二",意谓梦时所见的主、客现象和醒时所见的主、客观现象,完全是内在意识妄动而引起的幻象,不是真实的存在;这就是说,"由幻非有说有生,实际义上亦不然",从真实义上

说，无论梦里世界还是醒时世界，都是内在意识变起的似是而实非的假象，所以说如幻非真，原是无生不二。］

1.　优婆散那法生起，

是在梵之出现时；

此前一切皆无生，

应记斯为一憾事。

释：颂的前二句："优婆散那"，原文是 upāsanā，意译"坐近、近事"，谓"坐在老师附近聆听教诲，或如仪侍候老师"，或者"走近神坛向神像顶礼致敬和奉献供品"。"近事 upāsanā"的具体内涵有两个方面，即能近事者（upāsaka）和所近事者（upāsya）；前者是主体（人），后者是客体（物）；也就精神世界和物质世界。"优婆散那法"的"法"的意义正是如此。商羯罗把"法"注解为"生物"（虔诚的信徒），可能是据此而言。然而，此"法"的产生是在梵出现之后。"梵之出现"意谓宇宙之初，混沌空无，从无生有，此有即梵。唯一之梵，外现众相——天上人间，宇宙万有；[1]其中包括了能近事者（信徒）和所近事者（神录）——优婆散那法。

颂的后二句："此前"是说在梵出之前。"无生"有二义：一、在梵出现之前，宇宙混沌，空无一物。二、随着梵的出现，万象森罗，宇宙确立；但这一切，包括梵自身在内，都不是真实的存在；真实的存在是"无生"——"无生亦无灭，是世间一切"[2]。这就是说，在绝对的真谛上，世间（包括出世间）的一切，本来无生。然而，由于梵

---

① 《梨俱吠陀》X.72.2—3；《歌者奥义》V1.2.1—3；《鹧鸪氏奥义》11.6.1。

② 梵本《入菩提行论》X.150。

的出现,宇宙的一切现象,看似有生;凡夫愚痴,不解无生真理,误执虚幻现象为真实的存在,这不能不说这是令人感到十分遗憾的事情!(参看第一章第16颂和注)

本颂反映论主乔荼波陀本人承认婆罗门教的梵天创世说。佛教传统虽然承认梵天存在的神话,但否认梵天的创世说,尤其是他的创造人类四种姓的神话。[①] 这是包括吠檀多论在内的婆罗门教传统与佛教传统二者之间的基本区别。可以看出,乔荼波陀的哲学尽管深受佛家理论的影响,但在创世论这个重大的哲学问题上,他并没有稍微离开婆罗门教的基本立场。

> 2.　　我将因此说无憾:
>
> 　　　　是中无生及平等;
>
> 　　　　正如无有一法生,
>
> 　　　　有生之法皆平等。

释:上一颂对于本来无生而有生的现象表示遗憾。那是按俗谛来说的。本颂则从真谛(胜义谛)来观察,一切法本来无生、平等,没有什么值得"遗憾"的事情。"无生"是本论主题之一,在第一章第16颂,第二章第32颂,第三章第2、20、38、48颂,第四章第5、71颂中一再论述。无生,在书中常用名词 ajāti(有时也用形容词 aja 或动词 najāyate)来表述。名词 ajāti,在书中先后出现九次(Ⅲ.2、3;Ⅳ.4、5、19、21、29、42、43 颂)。可以想见,无生这一概念在乔荼波陀哲学中所占的位置是何等重要。正因如此,注释者在第一章第16颂中特别详加解释。

---

① 详见《长阿含·世纪经》;圆晖《俱舍论颂疏》第八卷。

　　"平等"和"无生"一样是佛教经论中常见的重要术语。《妙法莲华经》说：

> 了知一切法平等，
>
> 空无差别及无我；
>
> 且不审视是等事，
>
> 亦无一法可得见。（81）

> 诸法一切皆平等，
>
> 平等一切恒等等；
>
> 如是知已即觉悟；
>
> 涅槃不死及吉祥。①

又如《中论颂》说：

> 涅槃与世间，无有少分别；
>
> 世间与涅槃，亦无少分别。
>
> 涅槃之实际，及与世间际，
>
> 如是二际者，无毫厘差别。②

再如《中论颂释》说：

> 胜义谛上，一切法不生、平等；
>
> 胜义谛上，一切法毕竟无生、平等；
>
> 胜义谛上，平等一切法。③

---

①　译自蒋忠新编注《梵文〈妙法莲华经〉写本》（中国社会科学出版社，1988 年）第126 页，第 81、83 两颂。

②　鸠摩罗什译《中论颂》观涅槃品第二十五。

③　译自布善教授校刊《中论释》梵本（Madhy amakavṛtti ）第 374 页中所引《入二圣谛经》（Āryasatyadvayāvatāra）的经文。

以上经论的引文表明胜义谛上的"平等"的内涵是空、无差别、无我、无分别、不生、无生。乔荼波陀借来用于本颂,阐述他的"无生理论"——在胜义谛上诸法无生,以无生故,无有差别;无差别故,一切法平等。这个"平等"自然适用于颂的最后一句说的"有生之法",因为"有生之法"是众缘所生,或者说,是梵的幻现,非真存在;在胜义谛上,是空、无差别、无我,故同样是无生、平等。

本章第 1 颂阐述因梵的出现而有万法之生(jāti);第 2 颂阐述一切法"无生"(ajāti)。为了进一步讲清楚"无生"与"有生"的理论关系,论主从第 3 颂起将用譬喻来说明。

> 3.　　　一我变现诸个我,
> 　　　　如空现为众瓶空;
> 　　　　和合而有如瓶等,
> 　　　　斯乃所说生之义。

释:本颂先讲"有生"义。颂的第一句,阐述大我与小我的理论关系。1)"一我"(Ātmā)意即唯一无二之大我、大灵魂。按吠檀多哲学,这个大我是一个充遍宇宙、常存永在的超验实在;它既是精神性的,同时又是物质性的。2)"个我"(jiva)意即小我、个别生物的意识、灵魂。"变现"意谓由唯一的大我变现出杂多的小我;大我是源头,小我是支流;小我外在地看似离开了大我,但内在地保持与大我的"血缘"关系。第二句,是一比喻,借以说明大我与小我的关系。1)"空"(akaśa),意指大空(mahākāśa)、无限的空间。2)"瓶空"(ghaṭākāśa)是指瓶子里的空间、小空。比喻的寓意是,大空的"空"和小空的"空"本是同一不二；人们制作了瓶子，大空似乎部分地装入瓶里，形成瓶里空——小空。此时，瓶里的小空看似有异于瓶外的大空，但在性质上始终与大空保持同一。同理，大我与小我的关系也是如此。第三句，"和合而有"是解释个我如何产生。个我（意识、灵魂）是在生物肉体之内。生物的肉体是"和合而有"。"和合"有二解。一者是说肉体由骨、肉、血、气等成分和合而成；一者是说肉体以四肢五官等部分和合构成。肉体构成后，个我（意识、灵魂）进入其内，于是产生一个具有知觉、意识的生物（众生）。生物的肉体"和合而有"，正如瓶子由水、土、火等成分和合而制成，故曰"如瓶等"。最后一句，总结本颂的主要意义是在于阐明"有生"的道理。

4.　　　犹如瓶等中之空，

瓶等遭到破坏时，

其空悉归于大空。

众我汇入我亦然。

释：上颂讲由一变多的有生义，本颂讲由多归一的无生义。本颂前三句举喻，后一句合义。意谓犹如众瓶里的小空，当瓶子被打碎时，便立即复归于大空——与大空同一，无有差别。同理，众个我（意识、灵魂）在它们所在的肉体消亡后，立即复归于大我——与大我同一，无有差别。其次，这个"一与多"的模式也是一个阐述"真我—假我"的模式。颂的最后一句里的"众我"之"我"是个我，"入我"之"我"是真我。真我是唯一的真实存在，自身外现众多个我。个我在性质上虽然和真我同源、同一，但毕竟是真我幻变的"化身"，非真存在；而且，众个我所在的肉体，在形式上，千差万别，受着生死的自然规律支配；所以，个我是假我，最终会汇入大我之中。[①]

关于"瓶空"之喻，月称论师在他的《入中论》也用来表述龙树的中观论：

> 如器有异空无别，诸法虽别性无差；
>
> 是故正知同一味，妙智刹那达所知[②]。

此中"器"即指瓶等盛器。瓶有大小形状之异，但瓶里的"空"无有大小之别，"空"是纯然"一味"——唯一不二。此"空"即本颂所说的"大空"，喻"大我"周遍圆融，绝对唯一的真理。同理，"诸法"即包括个我（意识、灵魂）在内的一切精神现象和物理现象；现象界千差万别，但它们的本性——空、大我，无有差别，同一真实。

> 5.　　犹如一个瓶中空，
>
> 　　　盛满灰尘与烟等，
>
> 　　　但非所有瓶里空。
>
> 　　　诸我具乐等亦然。

释：或问：按上两颂，一我幻现杂多个我，后者具有前者的性质；如果某一个我快乐或痛苦，其他个我是否感到同样的快乐或痛苦？本颂特就这个问题提出说明：就像某一个瓶里的空间满布着烟雾和灰尘，但不是其他的瓶里空间都如此。同理，个我所感的苦乐也如此。这就是说，某一个我感到有某种苦乐，但并非别的个我

① 参看《广林奥义》Ⅰ.4.7；Ⅱ.4.6；Ⅱ.5.15，《歌者奥义》Ⅷ.25.2。

② 《入中论释》，月称造，宗喀巴释，法尊译（从藏文译本转译），美国佛陀教育基金会出版，1989年，第136页。

都会同时感到有同样的苦乐;不同的个我各自体会不同的苦乐,尽管从根本上说,它们同出于一我。

在清辩论师(Bhāvaviveka,亦作 Bhavya,约 490—570)的《中观心论颂》中,有一首与本颂相似的颂文:

> "犹如一个瓶里空,充满尘埃与烟雾,
>
> 但非所有皆如此;我中乐等亦如是。"①

对照本颂,显然,本论论主乔荼波陀采用了清辩论师的说法。

> 6.　　　　形式作用与名称,
>
> 诚然处处皆有异,
>
> 但其空间无差别。
>
> 个我之论亦如此。

本颂是小结上二颂的理论,并据此进一步发挥一我(大我)与个我(小我)关系的原理。

颂的前三句是说,瓶、钵等各色盛器,在形状、功能、名称等方面,都是各不相同;但在它们里面的空间却是完全同一,没有差别。个我的理论亦复如此。众多的个我位于不同的肉体之内;外在的肉体在相貌、作业、名称等方面,彼此差别,无一雷同。然而,肉体内在的个我都是来源于一我(大我),在本质上,完全同一,本无差别。

清辩论师的《推理灯光》也有类似的颂文:

> "瓶等虽然有差别,但其陶土无差别;

---

① "我中"之我应作"个我 jiva"解。此颂是《中观心论颂》第八章,第 13 颂。本论校刊者月称论师从此书的藏文译本还原为梵文。今从梵文再转译为汉语。

如是肉体有差别，在我之内无差别。"①

此中"在我之内"的我，是就大我、真我而言。肉体内的个我是大我的幻现，依大我而存在；从这点来看，个我与大我原是同一，无有差别。

> 7.　　犹如瓶里空非空——
>
> 　　非空变相或肢体；
>
> 　　个我绝非我变形，
>
> 　　亦非此我之肢体。

也许有人怀疑，个我从大我分离出来，是独立于大我的肢体。本颂再用瓶空之喻来澄清这一疑问，申明大我不变不异的真理。

颂的前二句："非空"意谓瓶里空（小空）并不是空（大空）本身改变了形状，也不是从空（大空）分离出来的一个独立部分。空（大空）本身始终是充遍宇宙，纯一不变，尽管在经验世界中似有所谓瓶里空、钵里空等假象。

颂的后二句：个我与我（大我）的原理也是如此。在众多肉体内的个我（意识、灵魂）并不意味着我（大我）在性质上和形相上有所改变，也不是从我（大我）分离出来而与前者绝缘的独立部分（肢体）。在真谛意义上，我（大我）始终是如如一体，亘古不变，虽然在俗谛意义上似有众多"个我"的幻象。

本颂还暗示只有智者才能够透过俗谛参究"我"的真谛；而凡愚俗流难以做到这一点。

---

①　此是《推理灯光》第八章，第12颂，月称论师从藏文译本转译为梵文，今从梵文再转译为汉语。

8.　　犹如童稚望晴空，

纷纷扬扬尘遮蔽；

我于未觉者亦然，

似为烦恼所染污。

释：上一颂暗示只有智者，而不是愚者，才能觉知真谛意义上的大我。本颂采用反面的比喻来解释为什么愚者不能做到这一点。

颂的前两句："晴空"意谓蔚蓝的天空本来万里无霞，寂然晴朗；但一时尘土飞扬，弥漫空间；童子幼稚无知，仰视上空，只见滚滚飞旋的尘土，看不见本有的晴朗天空，甚至误认为天空的不存在。颂的后二句："我"即大我。同理，大我本然清净，寂灭无垢，一体周遍，常住自在；但对未觉悟者（愚者）来说，大我显似受经验世间种种垢秽（烦恼）所污染。他（未觉悟者）只看见大我幻现的幻象（包括个我在内），看不见真谛意义上的清净的大我本体；正如无知童子只见遮蔽蓝天的尘埃，看不见本来光洁晴明的天空。[①]

9.　　死亡生存二者间，

一去一来二趣间；

此我安住众身形，

犹如虚空无有异。

本颂结合生死现象进一步阐明大我如虚空之理。

颂的前二句："死亡生存"、"一去一来"是泛指经验世界的生、

①　商羯罗在他的《梵经琉》（I.1.1.)中曾引用本颂比喻："由于不能直接看到天空，儿童们误把天空看作一个宏大的穹隆形状，满布尘埃。"

住、异、灭的客观规律支配着生物界在生死去来中轮回流转。何谓
轮回？谁是承受轮回的主体？颂的后二句说，"此我"是承受轮回
的主体。"此我"有二义：1）大我；2）由大我幻现的个我（意识、灵
魂）；正是个我"安住众身形"——一切生物的肉体。肉体有生死去
来的变化，但住在肉体内的个我（灵魂）则不因肉体的消亡而消亡，
它会在一个肉体死亡后离开，去找另一个新肉体（投胎于另一母
体），从而继续在这个情世间（包括天上人间、地府阴曹）生存下去。
这就是轮回。[①] 个我（灵魂）之所以能够不随肉体的死亡而消失，
是因为它是大我幻现出来的幻象，它本身实质上就是大我。比如
瓶里空的"瓶"受着生成、存在、损坏、毁灭过程所制约，但瓶里空的
"空"（实际上是大空）则不受此影响。

　　关于轮回理论，在吠陀初期，只是一个模糊、忆测的观念；在吠
陀之后，特别是到了奥义书时期，才逐步形成为所有的哲学流派
（唯物主义的顺世学派除外）和宗教组织的共同信念。[②]

> 10.　　和合生成者若梦，
>
> 　　　　一切皆由我幻现；
>
> 　　　　独特殊胜不可得，
>
> 　　　　一切相同亦非有。

　　释：上颂讲大我绝对唯一，常住不灭；犹如虚空，永恒遍在。本
颂则讲由大我幻现的个我进入其所应进入的具体形式（如生物界
的肉体）；后者在相应的条件和合时产生，在相应的条件离散时消

---

　　① 《歌者奥义》(Ⅵ,11,3)："诚然，个我离去后，这个肉体立即死亡，但不是个我死
亡。"

　　② 《石氏奥义》I.1.7—20；I.2.1—14。

亡;但其内在的个我(灵魂)不会随之而断灭。

颂的前两句:"和合生成者"谓众生的肉体是众多相应的条件和合而产生的。按佛家的说法,肉体(和在它之内的个我——意识)是由五种成分(五蕴)组合而成。[①] 五种成分是:色、受、想、行、识;前四者属于物质性成分,后一者为精神性成分。肉体受着自然淘汰、生灭规律所支配,因而,在和合的条件破坏时,立即死亡。何以故?"一切皆由我幻现"故。此中"我"即大我。"幻现"是说经验世间的一切,包括肉体和在它之内的个我(意识)在内,都是由大我幻变出来的,"如梦、幻、泡、影",非真存在。颂的后二句:"独特殊胜"意即与其他事物不同的独特性质;"一切相同"意即与其他事物有共同的性质。这就是说,和合生成的某个东西(例如,肉体)并没有和其他事物相异的独特性质,也不是和其他事物具有共同的特点;它仅仅是一个没有实体的幻象,非真实的存在。

这个颂典型地表述论主乔荼波陀的绝对无分别不二论——在经验世界和超验世界,只有超验的真我(梵)是真实的存在;此外,其他一切现象,无论其为精神性的或物质性的,都是由真我幻变出来的,因而像梦境那样,是虚妄的假象,受着生灭的自然规律的制约,最终复归于真我。论主重复使用"瓶里空"(ghaṭākāśa)这个比喻来说明:瓶里的"空"实际上就是大空。当它在瓶里时,形式上显似瓶里的"小空",而与外在的大空有所区别。但是,一旦瓶子打破,瓶的形式消失,它里面的"小空"却依然存在(即汇归于大空),而与大空完全同一,无有"大空小空"的区别。同理,肉体内的个我

---

① 《大乘五蕴论》,世亲菩萨造,玄奘译。

（意识、生命、灵魂）从真谛意义上说，就是大我、真我。当它外现为个我，托胎进入某一生物的肉体时，形式上显似与真我有异。肉体，和其他世俗事物一样，受着生、住、异、灭的规律制约。一旦构成肉体的内在和外在的条件遭到破坏，肉体立即灭亡，而在它里面的"个我"（灵魂）依然存在，离开已死的肉体，复归于大我，与后者同一，无有差别。

　　乔荼波陀这一绝对无分别不二论的基本观点是，对于经验世界的存在，无论它是梦境或非梦境，一律予以绝对的否定。其后，商羯罗继承乔荼波陀的哲学，但作了新的发展。商羯罗承认现象界如梦如幻，非真存在；但他并不像乔荼波陀那样，把无分别不二论推向极端。他认为，不能把现象界说是"实在的"，或"非实在的"。现象界（精神的和物质的）由梵幻现，本非真实的存在，故不能说它们是实在；但无明障眼，暂时还未识破它们的虚妄性质，现象世界仿佛存在，因此也不能说它们非实在。他常用 1）误认绳子为蛇，2）误认贝壳为银片，3）误认海市蜃楼为真景，这三个比喻来说明他的这一非真非假的道理。很显然，商羯罗承认经验世界有相对的暂存性，不同于乔荼波陀对经验世界的全盘否定。[①]

　　　　11.　　《鹧鸪氏奥义》描述：

　　　　　　　食物养分等五类，

　　　　　　　其中上我乃个我。

　　　　　　　该书如是详解说。

　　释：论主根据《鹧鸪氏奥义》，从本颂（第 11 颂）至第 14 颂，专

[①]　商羯罗《梵经疏》Ⅱ.1.9。

门讨论"个我"与"大我"(真我、上我)之间的关系。

按照《鹧鸪氏奥义》,"我"(Ātmā),1)产生构成物质世界的主要原素——以太、空气、火、水、地、木、食物,以及人(人体);2)产生精神世界的基本成分——食物、生命、意识、理解、喜悦。精神世界的五种成分,分别称为"食物之我"、"生命之我"、"意识之我"、"理解之我"和"喜悦之我"①。据某些权威经典的解释,②最后的一个我(喜悦之我)是真我。真我即是上我,而上我也就是"个我"——上我与个我同一非异,这显然是胜义谛上的意义。

这一理论是《广林奥义》(Ⅰ.2.1—2)的发展。

> 12.　　《蜜智章》中对偶词,
>
> 　　　表述上梵殊胜义;
>
> 　　　如言大地与内在,
>
> 　　　显示上梵若虚空。

释:本颂再据奥义书阐述上梵(真我)的原理。颂中"蜜智章"(madhujnāna)是指《广林奥义》(Ⅱ.5)所讲的"蜜明"(madhuvidyā)。"对偶词"是说采用两组的词语来表述两种事物或现象相互依存、密不可分的关系。《广林奥义》的蜜智章共有19个小节,其中1—15小节举蜂与蜜相互依存关系喻梵(我)与(内在和外在的)存在的相互依存关系。例如,第1小节:"大地是一切生物的蜂蜜,一切生物又是大地的蜂蜜。大地之内的光辉、不死的原人,肉体之内的光辉、不死的原人。他正是我,是不死者,是梵、是

① 《鹧鸪氏奥义》Ⅱ.2—8。
② 如《梵经》Ⅰ.1.12—19。

一切。"此中"原人、梵、我"是同一真我(大我)的异名。这则奥义是在阐述 1)大地与众生相互依存,不可分离;正如蜂与蜜,蜂产生蜜,蜜支持蜂;2)大地(物质世界)与众生(精神世界)之所以能够相互依存,是因为二者之内都具有同一性质的"蜜"——真我(原人、梵、我)。真我绝对唯一,无有形相,犹如虚空,周遍宇宙,产生大地与众生(宇宙万有),又复在大地与众生之中表现其形相(真我幻现外在的存在)。用哲学的术语说,就是真谛是俗谛的本源,俗谛是真谛的体现;二谛不即不离,非一非异。①

13.　　　个我与我无有异,

是故赞之无分别;

谴责执著有异性,

如是评说始合理。

释:颂中第一句"个我与我无有异"意即"小我与大我无有差异、无有分别",点出上一颂"蜜智章"的中心奥义。"蜜",旨在比喻胜义谛上的大我(真我、上梵)。大我外现众多小我(个我)。个我非真,如梦如幻,故在真谛义上与大我同一,无有差别。这也是奥义书一再阐述的"一多"理论。例如,《广林奥义》(Ⅳ.3.13):"在睡梦中,上下行走,是此神明,制作众相";《歌者奥义》(Ⅴ.18.1):"大我(ātmā vaiśvānaraḥ)显示众多形相,⋯⋯遍于一切世间,一切众

---

① 《广林奥义》(Ⅱ.5)第 16 小节还复述了《梨俱吠陀》(Ⅰ.116.12)有关"蜜明"的神话:"蜂蜜奥义"本是空间大神因陀罗所独有。吠陀智者食乳仙人(Dadhyan)意欲给双马仙童传授这一奥义。因陀罗得知后,发誓要取食乳仙人的首级,如果后者胆敢泄露此奥义给双马仙童的话。双马仙童心生一计,先用马头换下食乳仙人的人头,再请仙人讲"蜂蜜奥义"。因陀罗听了大怒,决定落实他的誓言,割下食乳仙人的"马头"。随后,双马仙童将食乳仙人原来的"人头"装回在仙人的脖子上,恢复仙人的人的形相。

生,一切我(个我)。"这是讲由一而多。又如,《广林奥义》(Ⅱ.4.6):
"若言梵我有异者,是不知梵也";《歌者奥义》(Ⅱ.21.4):"我是世间
的一切";《秃顶奥义》(Ⅱ.1.2):"原人即我,我即不死之梵;梵我同
一之体,神圣清净,无有形相,无寿无识,即外即内,赛过最胜不灭
者。"这是讲由多而一。按本论的绝对不二说,"一"是绝对的真,
"多"是绝对的假,故在真实义上只有"一"而无"多",即所谓"无分
别"。只有这样理解"一多"奥义才是合理的,否则,执着有分别,便
是错误,应受批判。

<blockquote>
14.　　　个我与我初分别,

　　　　　吠陀经典中宣说;

　　　　　此指次要未来事,

　　　　　不与主要义相应。
</blockquote>

释:上一颂讲"个我"与"我"(大我)无分别,为什么世间一般都
认为有分别? 本颂对此作回答。颂的头两句指出,"个我"与"我"
有分别的最初说法是出自吠陀经典——《梨俱吠陀》(Ⅹ.121.1):

<blockquote>
乾坤初定,金胎乃现,

生即唯一,众生之主。

是彼护持,昊天大地,

敬斯神明,吾人奉献。
</blockquote>

本颂根据这则吠陀圣言,是想说明,"个我"与"我"的分别,开始于
开天辟地之际,而此前是无分别的。正如"瓶里空",在瓶子制成之
前,并不存在瓶里的"小空"与宇宙的"大空"的区别。而小空与大
空的区别,只是在瓶子制成之时出现。因此,按本颂颂意,"个我"
与"我"的分别,只存在于经验世界,但不存在于超验世界。颂的第

三句就是讲经验世界："未来"意指经验世界出现之后，"次要事"意指经验世界中执着"个我"与"我"有分别的事情。颂的第四句就是超验世界："主要义"意指超验世间"个我"与"我"无分别的原始超验境界。

从本章第 1 颂到本颂（第 14 颂），论主乔荼波陀采用了"演变↔复归"模式的方法论，以此着重地阐明他的绝对无生论（绝对无分别不二论）：

> "个我"与"我"——
> （1）（本来）无生、无分别→
> （2）（幻现）有生、有分别→
> （3）（复归）无生、无分别。

这个表说明演变↔复归过程有三个阶段。论主从绝对不二论出发，只承认其中第 1、3 阶段的存在，不承认第 2 阶段的存在，即使是暂时的存在，也是如此（非存在）。

> 15.　　大地金属火花等，
> 　　　　不同物类话创造；
> 　　　　此为方便入真理，
> 　　　　其实绝对无分别。

释：上一颂讲"个我"与"我"本来同一，无有分别。这是就胜义谛来说的，是主要的意义。但同时又讲了有分别的次要意义。次要意义的具体内涵是什么？本颂及下一颂回答这一问题。颂的前两句，讲构成世界的主要物质原素的创造。它们是"大地、金属、火花等"，也就是常说的五大原素——地、水、火、风、以太（包括金属）。这些不同的物质的创造说明经验世界存在着分别；分别，就是次要的俗谛意义。颂的后二句，讲这些物质原素的创造，是一种权宜的说法,一种方便的法门,目的在于启发未明真理者从(个我与我)有分别逐步进入(个我与我同一)无分别的真理境界。《广林奥义》(Ⅱ.1.20)说:"正如蜘蛛沿着蛛网行走,又如火花来自火;如是,此我(ātman)产生一切生命、一切世间、一切天神、一切众生。此奥义即是真理中之真理。生命即是真理,而生命的真理即是我。"这则奥义提出的"我"(ātman)是超验的、真实的、无分别的大我(梵);无分别的大我产生(幻现)包括众多个我在内的经验世界的一切有分别的现象。无分别的大我是绝对的真存在,有分别的一切现象是相对的假存在;绝对不二论者只承认前者(真存在),不承认后者(假存在)。在他看来,若在一特定情况下说有分别,那仅仅是一种"方便"权宜的表述,目的在于启迪弱智者从有分别悟入无分别的真谛。[①]　显然,本颂是这则奥义的复述、发展。

> 16.　　见地分成三层次,
> 　　　　下见中见及上见;
> 　　　　优婆散那所规定,
> 　　　　以慈悲故宣此义。

释:本颂接上一颂继续阐明说有分别是一种善巧方便的道理。颂中的"优婆散那"即本章第1颂说的"优婆散那法"——敬事法(敬奉神明的方法或仪轨)。敬事法包括两方面,即能敬事者(信徒)和所敬事者(神明)。颂的头两句正是指能敬事者——信徒而言。信徒们分为上、中、下三个层次(上、中、下三种不同的信仰素质)。而三个层次的划分是按对神的理解、信受的深浅程度而决定

---

① 《歌者奥义》Ⅵ.4—5;《秃顶奥义》Ⅱ.1.1;《慈氏奥义》Ⅵ.26;亦有类似的论述。

的。智者以极大的同情和关怀,针对不同素质的徒众,权宜地宣讲
级别不同的"有分别法",从而指引他们循序渐进,逐步悟入无分别
境界。颂的最后一句"以慈悲故宣此义"就是这个意思。

> 17.　　　　主张二元众论师,
>
> 　　　　固执自宗之体系,
>
> 　　　　彼此对立相争论,
>
> 　　　　但与本论无矛盾。

释:上一颂讲无分别的真理本来唯一不二,但以慈悲故权宜地
说有分别(有二、二元),以便启发未悟此理而执有二论者。本颂和
下一颂点出执有二论者是谁。

颂的前二句:"二元论论师"通常是指数论(Sāmkhya)哲学家
和瑜伽(Yoga)哲学家。这两派哲学家执"神我"(Puruṣa,精神界)
和"自性"(Prakṛti,自然界)是两个彼此独立的根本范畴,在经验
世界中无论如何演变,也不会合二为一。因此,二元论是他们用以
建立自己的理论体系的基础。第三句:似有二义:1)二元论两个不
同的基本范畴——"神我"和"自性"彼此对立,不能同一;尤其是瑜
伽哲学,虽然和数论哲学一样,同执二元,但它在二元之外另立一
个新范畴"自在天",认为自在天具有觉知,能够主动地打乱自性的
"喜、忧、闇"三特征,促使自性联合神我,共同创造精神世界和物质
世界的一切。这反映二元论者内部的矛盾——瑜伽哲学的二元论
和数论哲学的二元论之间的主要区别就在于是否承认"自在天"的
存在。2)二元论,在广义上也包括多元论,如耆那教哲学、佛教小
乘有部哲学、胜论哲学、罗摩奴阇的多元吠檀多哲学、印度教三大
神主义,等等;这些多元论是和二元论有矛盾的。第四句:"无矛

盾"亦有二义:1)不二论体系本身无矛盾;2)不二论和有二论之间
并不存在绝对的矛盾;因为有二论是为悟入不二真理的目的服务
的一种假设的理论,一种方便的法门,用以教化、引导不同信仰、修
持素质的信众。因此,就本论的基本观点而言(不二、无分别),无
论在真谛上说,或在俗谛上说,都不会产生与不二论的不可调和的
理论矛盾。

18.　　　不二称作至上义,

有二谓为有差别;

彼等执二按二说,

是故此理无矛盾。

释:此颂再解释本论的主要观点虽然和有二论没有不可调和
的理论矛盾,但有某种区别。颂的头两句:"不二"是至上义、第一
义、真实义。"有二"即有差别,有差别则非至上义、非第一义、非真
实义。后两句:"彼等"指执二元的论师。"执二按二说",二元论者
认为,他们所执的二元论可按两个方式来表述:一者按真实义说
(paramārtha),一者按非真实义说(aparamārtha)。因此,他们这
种二元理论并没有不能自圆其说的矛盾。然而,在本论论主看来,
二元论者采用的两种表述二元论的方式是和不二论者的表述不二
论的方式是一致的,但二者之间仍有这样的基本区别:二元论者执
著,无论按真实义说,或按非真实义说,二元都是存在的。这一点,
恰恰和本论的绝对不二论相反。因为,按绝对不二论,二元(有分
别)在真实义上固然不存在,就是从非真实义上说,二元也不是真
存在。

19.　　　此因摩耶起差别,

　　　　　　无生绝非有差别；

　　　　　　若是真正有差别，

　　　　　　有死亦将变不死。

　　释：从本颂至 28 颂详述摩耶（幻论）、无差别、无生等系列理论。

　　前边提出的范畴如"有分别"即"有差别"，"无分别"即"无差别"，"不二"即"无生"。本颂着重说明产生"有差别"（有分别）的根本原因在于以假作真。颂的头两句："摩耶"（māyā），意为"幻、如幻、幻象、幻术"，喻指经验世界千差万别的现象，是有生有灭的假存在。"无生"（ajāti）是不二的无差别真理，是无生无灭的真存在。真存在以自身天然的幻力，外现种种的幻相（摩耶）——即整个经验世界的假存在。无智者误把假存在当作真存在，由是妄生执著，于无差别中计有差别。后二句：断言经验世界的一切现象，包括生（不死）与死在内，都不过是虚假的存在，本来无有差别。否则，"有死亦将变不死"，而这是不可能的。

　　本颂大意同第四章第 6 颂。

　　　　20.　　论者欲从无生境，

　　　　　　　构筑有生之存在；

　　　　　　　无生实乃不死界，

　　　　　　　如何不死变有死？

　　释：此颂重申上一颂的无生理论。颂中的"论者"指执有二论的论敌。"无生"即是"不死界"——无生死变易的超验境界；"有生"即是有生死变易的经验世界。"不死"是彼岸，"有死"是此岸；前者常住不动，后者变化不居。二者是两种截然不同的境界。论

敌意欲看到无生变有生,不死变有死;那只是一厢情愿,事实上绝
无可能。

> 21.　　不死不会变有死,
>
> 　　　　有死亦不变不死;
>
> 　　　　自性变成为他性,
>
> 　　　　是事决不会发生。

释:本颂说明不死(无生)之所以不会变有死的原因。超验境
界的自性天然如此——不死(无生),绝不会变成另一种性质(有
死)。经验世界的自性也是天然如此——有死(有生),绝不会变成
另一种性质(不死)。就是说,两种天然不同性质的境界是绝对不
会彼此变换的。

本颂意同第四章第7、29二颂。

> 22.　　自性本然不死法,
>
> 　　　　若云可以变有死,
>
> 　　　　此实人为不死法,
>
> 　　　　何能常住不变动?

释:本颂再次强调不死法的天然本质永恒不朽。颂意:不死法
的天然本性,不生不灭,常存自在。如果妄执不死法可以变为有死
法,那么这种不死法不是天然的,而是人为制作的。人为制作的不
死法,实际上就是有死法,受着生、住、异、灭的自然法则所制约,无
论如何也不会常住不变动的。[1]

---

① 　不死,佛教称为"不死门、涅槃门",谓一入此门,即得无生不死法,入于涅槃。
涅槃又称"涅槃城":"诸法实相是涅槃城,城有三门,空、无相、无作"(《大智度论》20)。
"自性本然不死法"类似"诸法从本来,常住寂灭相"(《法华经·方便品》)。

本颂意同第四章第8颂。

> 23.　　创世起于实非实，
>
> 　　　　神传平等同宣说。
>
> 　　　　惟有确认如理者，
>
> 　　　　信受奉行别无他。

释：从本颂至第36颂，论主将深入阐述"不生"（无生、不二）的原理。

颂的第一句："实 bhūta"即"sad 有、存在"。"非实 abhūta"即"asad 无、非存在"。关于创世——世界起源问题，有的哲学家说，世界起源于"实"（有）；有的哲学家说，世界起源于"非实"（无）。第二句："神传"是指吠陀文献，特别是四吠陀和奥义书，"平等同宣说"意谓世界起源于有（实）或起源于无（非实），这些说法，都同样见于吠陀经典，换句话说，世界产生于有的观点，或产生于无的观点，同样都有权威文献作根据。例如，

（1）《梨俱吠陀》（Ⅹ.129）：

> "无既非有，有亦非有，
>
> 无空气界，无远天界，
>
> ……
>
> 智人冥想，内心探索，
>
> 于非有中，悟知有结。"

（2）《歌者奥义》（Ⅵ.2.1）：

> "善修行者！太初之际，
>
> 此界惟有，唯一无二。

> 复有人云：太初之时，
>
> 此界惟无，唯一无二；
>
> 以是之故，有从无生。"

(3)《鹧鸪氏奥义》(Ⅱ.7.1)：

> "太初之际，此界惟无，
>
> 由无生有，有自生梵。
>
> 以是之故，称曰善造。"

这三则吠陀经文说明：1)宇宙起源于有（实）或起源于无（非实）这两种说法都有权威文献作根据的；2)有—无，是吠陀哲学家早在公元前2000年提出的本体论问题，并且进行了不懈的观察和探索；尽管他们对这个哲学上的根本问题的阐述十分原始、粗糙，但他们首先发现、提出，这在印度哲学上是一个空前的贡献——它揭开了印度哲学史的序页，并且，从此一直是古今印度仙人和哲人探讨、论证的重要哲学命题中的命题。①

颂的后二句：如上所引吠陀经典证实了两种关于创世问题的论点都是出自公认的权威圣言，那么如何在二说中决定取舍？论主为此提出选择原则：在这两种理论中，哪一种受到确认为合理的说法，便接受它；否则，不接受。

24.　　神传世间无杂多，

　　　　帝释亦以幻变现；

---

① 参看《东方哲学与文化》第一辑，中国社会科学院哲学所东方哲学研究室编，社会科学文献出版社出版，1996年初版，第27—30页、第159—164页。

> 彼虽本来无有生，
>
> 由幻故有众多生。

释：本颂解释无生如何又有生的道理。颂的第一句，出自"神传"圣典《广林奥义》（V.4.19）：

> "只能以意会，此间无杂多；
>
> 彼从死至死，看似有杂多。"

此中"从死至死"包括"从生至生"，意即生死轮回。"彼"即指"个我、灵魂"，承受生死轮回的主体。这则奥义的意思是，器世间中，芸芸众生（情世间），生死浮沉，轮转不息；表面看来，似有纷繁杂多的现象；但从超验真理角度看，杂多现象，本来非有；而这一道理，只能意会，难以言传。（《石氏奥义》Ⅱ.1.11，同此意义）。颂的第二句：举例说明——引用一个来自《梨俱吠陀》（Ⅵ.47.18）的例子：

> "彼按本真相，变现种种形；
>
> 正是此真相，藉以显其身。
>
> 幻化许多相，接引其信众；
>
> 犹如马千匹，套在其车上。"

这则吠陀经文表述印度哲学最早的"一多"原理。经中的"彼"即指"帝释"，也正是因陀罗（Indra）。在这里，因陀罗体现为唯一的真理本体；后者天然地幻变外在世界的一切；另一方面，因陀罗又是一位超级大神，神通广大，威力无边，天上地下，独一无二，为了接引、教导他的不同根基的信徒，他运用神通，按照自己唯一的本相，变现出众多外在形相。这就是"一多"原理，也是本颂后二句："彼虽本来无有生,由幻故有众多生"的含义。①

25.　　　（神传）不言物有生,

是故否定有生说。

若言"谁能创造他?"

此复否定有生因。

释:本颂又以吠陀奥义书为根据,否定世界"有生说"和"有因
说"。

颂的头两句:"(神传)不言物有生"这一句出自《自在奥义》
(12):

"信受不生者,堕于黑暗中;

爱著有生者,入更大黑暗。"

这则奥义的"不生"意即是"无"、"不存在";"有生"即是"有"、"存
在"。在奥义书哲学家看来,执"无"或执"有"都是愚昧痴暗的表
现,是不可取的。正如龙树批判说,"定有则著常,定无则著断;是
故有智者,不应著有无"(《中论颂》观有无品第十五)。

颂的后二句:论主再按奥义书否定世界有生因。"又说"是指
吠陀和奥义书。"谁能创造他?",此说出自《广林奥义》(Ⅲ.9.28):
"诚然生已不复生,有谁能再创造他?"。此中"他"是梵,是胜义谛
上的梵,故梵是至上真理,唯一存在。梵本身超越生与不生,经验
世界尽管是梵的外现幻象,但不能说梵是它的生因,因为世界本身
不是真实的存在,与梵没有真谛意义上的因果关系。这就是说,从
俗谛观点看,世界设想为梵天所创造,似有暂时的存在。但从真谛

———————

① 　参看同上《东方哲学与文化》第一辑,第7—11页。

观点看,世界(幻象)根本就不存在,与绝对真实之梵毫无因果关系。

26.　　　(神传):此乃不、不故,

否定一切可说者。

由于因之不可得,

故说一切皆无生。

释:本颂又据奥义书著名的"双否定"模式来论证"无生"之理。

《广林奥义》(Ⅱ.3.1)提出"二梵"原理,谓梵有二相,即"有相梵"(具有特征之梵)和"无相梵"(不具特征之梵)。随即又提出"二重否定"(同书Ⅱ.3.6),对梵之二相进行同时的否定。这个"二重否定"模式在《广林奥义》一连重复四次。四次的原文如下:

sa eṣa, na iti, na ity ātmā,

agṛhyaḥ na hi gṛhyate ...①

"正是这个(我),非如此,非如此;

不可得,以不可得故。……"

这里的"我"是超验之大我,是至上之真梵。真梵永恒"非如此"——非有相,亦"非如此"——非无相。这意味着梵之二相俱属名言概念范畴,是可说者,在真谛意义上说,是自然地被否定的。真梵本体,纯粹绝待,非有非无,不生不灭,故世界一切本然无生。奥义书哲学称此为"真理中之真理"(satyasya satyam)。

27.　　　只因幻有说有生,

————————————

① 《广林奥义》Ⅲ.9.6。Ⅳ.2.4;4.22;5.15。如果包括Ⅱ.3.6,实际上是重复五次。

真实义上却不然；

若言真正有法生，

是执生已再生说。

释：本颂批判有生说。有生，即过去、现在、未来三段时间皆有法生。或问，上一颂说一切皆无生，为什么有人说法有生？本颂对此作出答复：诸法如幻，本非实有，假说为有；但在真实义上，法非有生，而是无生。如果定执真正有法生，则是一种错误的观点——执著法有现在生、过去生和未来生。《中论颂》（观三相品第七）说：

此生若未生，云何能自生？

若生已自生，生已何用生？

生非生已生，亦非未来生，

生时亦不生，去来中已答。

龙树在此辩明，法本无生——过去时无生，现在时无生，未来时无生。因此，执法有生，是不正确的。（参看本论第四章第 58 颂）

28.　　由幻非有说有生，

实际义上亦不然。

石女之子不出生，

事实假设皆如此。

释：上一颂讲按幻论而假说有生，本颂认为这一说法并非完全不对，但毕竟与真实义理不相应。因为，幻本身是虚妄，虚妄即不存在；说不存在的事物为存在（有生），是不合理的。正如石女生不出儿女，无论在事实上，或在假设上，都是如此（生不出儿女）。

论主乔荼波陀在此又一次表述他的绝对不二论——醒时境界和梦里境界一样幻妄非真。以下各颂（从 29 至 32 颂）将详论此

理。(参看本论第二章第9颂)

29.　　犹如梦时之意识，

　　　　因幻晃动似见二；

　　　　醒时意识亦复然，

　　　　因幻晃动似见二。

释：本颂阐述梦时和醒时两类境界同样虚妄非真的原理。颂中"似见二"的二，是指主观的精神范畴和客观的物质范畴；即所谓能取(之意)和所取(之境)。又"似见二"是说梦里和醒时出现的主观和客观现象似是而实非——非真存在。"因幻晃动"意谓梦中出现的幻象和醒时所见的幻象引起了内在意识的活动。正是由于意识的活动把本来无二的境界误执有二。

本颂义同第二章第9颂和第四章第61颂。在后二颂中使用"citta 心"的中心词和本颂使用"manas 意"这个中心词实际上是形异意同的同义词。论主在本论不时交替使用这两个词表述同一范畴和概念。

30.　　不二仿佛似有二，

　　　　梦时意识不怀疑；

　　　　不二仿佛似有二，

　　　　醒时意识亦无疑。

释：本颂接上一颂进一步强调未悟不二真理的人，其意识在梦里接触对象(不二似有二的幻象)时，在醒时接触对象(不二似有二的"现实")时，都毫不怀疑它们的存在。

31.　　意识所见此二者，

　　　　是由心动与不动；

意识若不起思量，

有二境界不可得。

释：本颂揭示经验世界的主观和客观现象产生的根本原因。颂的头两句指出，意识之所以在梦里和在醒时都看见或感知主观和客观现象的存在，根本原因在于"心动"。反之，"心若不动"这些本来虚幻的现象便失去存在的基础。颂的后两句说明"动"的内涵就是"思量"（由对象而引起的思维活动）。"有二境界"出现在意识的思量活动中；意识的思量活动一旦停止，"有二境界"立即自动消失。

本颂显然是论主吸取了佛家唯心论的心动理论，并加以发展。佛家说，"三界所有，唯是一心。"[①]又说，"于一切法，心为善导。若能知心，悉知众法。种种世法皆由心。"[②]《大乘起信论》有一心二门的原理：一者心生灭门（心动的一面），一者心真如门（心不动的一面）。《六祖坛经》[③]（行由品第一）有一个著名的"风吹幡动"的故事：一日，六祖惠能来到广州法性寺听印宗法师讲《涅槃经》。"时有风吹幡动。一僧曰风动，一僧曰幡动，议论不已。惠能进曰，不是风动，不是幡动，仁者心动……"在六祖看来，风与幡都是因心动而产生的幻象，非真存在。若心不动，风与幡即不存在。这正是佛家常说的"心生则种种法生，心灭则种种法灭"。本颂就是这

---

① 唐实叉难陀（695—698）译《大方广佛华严经》（卷 31）。

② 《大般若经》（卷 568）。

③ 中国禅宗衣钵传承（师父授给入室弟子的正统法旨的象征物）共有六代祖师：初祖达摩、二祖慧可、三祖僧璨、四祖道信、五祖弘忍、六祖惠能（615—691）。《六祖坛经》即惠能禅理讲演录。

种绝对唯心主义的复述。

32.　　　由于觉知我真理，

　　　　　（对境）不起妄分别；

　　　　　斯时证入无念境，

　　　　　无执于不可执故。

释：本颂和以下数颂阐述如何做到"心不动"的理论和方法。

颂的头两句：原文 ātmasatya，意即"我谛、我之真理、真我境界"。这种境界，超验寂静，只能以内在智慧去体验。一旦体验到，因对象而引起的（能取所取的）妄分别（思量）立即从内心消失。颂的后二句："无念境"正是指以智慧证得的"不起妄分别"的超验境界——无执（离能执）和不可执（离所执）的境界。又"我谛"（真我境界）本来清净，绝对唯一，不存在能所二边，故"无执"是表述主观世界本空，"不可执"说明客观世界本空。

论主乔荼波陀在此提出的能所皆空论颇似龙树的般若空义。但把"我谛"作为远离能所的超验境界，则有异于龙树的哲学。龙树在阐述般若空义时，并没有用"我谛"来讲空的境界。乔氏使用"我谛"来表述能所俱空的境界反映他的哲学具有典型的吠檀多（奥义书）的本色。

33.　　　智慧无生无分别，

　　　　　称为无异于所知；

　　　　　所知即梵常无生，

　　　　　无生遍显无有生。

释：本颂阐述超验的主观世界和客观世界的同一理论。上一颂讲"觉知我真理"的"觉知"就是本颂讲的"智慧"（能知的主观世界），"我真理"即本颂的"所知"（对象、客观世界）。智慧的特征是无生、无分别，和所知境同一。所知境是"梵"（也就是我）。梵，天然常住、无生、无分别；只有内在意识在修定中达到无生、无分别的超验高度，才能体验到；而只有体验到梵的意识，才能变成智慧（佛家所谓转识成智），才能与梵同一（超验的主观和客观的同一）。最后，只有与梵同一的无生智才能遍观一切皆无生。

论主在上一颂使用"我"来表述"无念"的超验境界，在本颂（和以下数颂）另用"梵"来表述同一境界。显然，这反映论主是在坚持传播奥义书"梵我一如"的理论，有意在此突出吠檀多哲学与佛家大乘哲学在关于最高超验境界的理解和阐述方面的基本区别，尽管他采用了大量佛家哲学术语来构建他的绝对的无分别不二论体系。

> 34.　　具足智慧者境界，
>
> 　　　　调伏意识离分别；
>
> 　　　　若云无异于熟睡，
>
> 　　　　但此与彼不等同。

释：本颂接上颂论述无生、无分别的梵我一如的境界之所以取得是通过调伏意识、离分别的修持方法达到的。这种境界不同于心理四位说中的第三位"熟睡位"。在本论第一章中阐述了修定的四个心理活动阶段，即，一、醒位（睡眠）；二、梦位；三、熟睡位；四、无睡无梦位（超验的梵境界）。本颂讲具足智慧者境界不同于第三位的熟睡状态，暗示是同于第四位的超验境界。（四位说，详见第一章第11—12颂）

> 35.　　意 识 消 失 熟 睡 中，

　　　　　　调伏之心非如此。

　　　　　　此即无所畏之梵，

　　　　　　智慧光芒照十方。

　　释：上一颂提到意识在熟睡状态和在调伏状态的不同。本颂对此作进一步的料简：1）熟睡位。在熟睡位，意识尚有经验世界的睡眠种子，它没有被调伏，而是消失在熟睡状态中——在熟睡中意识完全失去知觉作用。2）调伏位。意识在通过修定而被调伏之后，则不是如此（失去作用）；此时意识已转变为智慧，智慧天然具足光明，遍照环宇，洞悉一切。这是一种超验的智境，称为"无所畏之梵"。

　　"无所畏（无畏）"是佛家语，颂扬佛陀说法度生，泰然无畏的威德。按《大智度论》（二十五），佛陀具有四种无畏：一、一切智无所畏；二、漏尽（断尽一切烦恼）无所畏；三、说障道（一切精神性障碍）无所畏；四、说尽苦道（戒定慧断苦之正道）无所畏。"梵"是吠檀多术语，专门用于对至上的超验境界的表述。论主在此借用佛家语"无所畏"使抽象设想的"梵"人格化为一圣者，像佛陀那样，具有无所畏的威德。这是乔荼波陀采用佛家范畴来建构自己的哲学体系的一个典型例子。

　　36.　　　无生无睡又无梦，

　　　　　　亦不存在名与色；

　　　　　　顿时悟得一切智，

　　　　　　此非假设之境界。

　　释：本颂和下边的第 37、38 颂具体描绘"梵"的超验境界的特征。

　　"梵"境界的特征是:无生、无睡、无梦,亦无名与色;一入这种境界,便能顿得一切智(佛智)。在吠檀多论师看来,这种超验境界是真实的,不是假设的。

　　梵语 anāmakam(无名)和 arūpakam(无色),前者意指不存在精神性的东西,后者意指不存物质性的东西。其次,upacāraḥ有如下数义:1)假设、假立;按此义,谓"梵"不是假设的境界,而是真实的超验境界。2)行动、近行、仪轨;按此义,upacāra 是一种定境(samādhi 三摩提)。定境总的分为两种,一种叫做 upacāra(近行三摩提),一种叫做 arpanā(安止三摩提);前者意谓定中的观察并不是持续不断地集中在所观察的对象上,后者意谓定中的观察已完全集中在所观察的对象上[①]。本颂采用 upacāra 的第一义(假设)。

37.　　一切言说俱远离,

一切思维皆不起,

善寂顿然光普照,

不动无畏三摩提。

　　释:本颂接上一颂阐述梵的境界是一种特殊的禅定。它的特征是:超越一切语言文字或概念范畴的描述,不起一切思虑分别;寂静纯善,顿然放光,普照十方;被称为"不动、无畏三摩提"。

　　在佛家的《三昧耶经》中,"不动三摩提"(acala-samādhi)被说成为一种高级禅定,是"不动尊"(不动如来)所住的定境。论主在

---

　　① 　参看觉音(Buddhaghosa)造、叶均译《清净道论》,中国佛教协会出版,1981 年,第 338 页。

此把梵的不动境界和佛家不动如来的定境等同起来——"不动无畏三摩提"就是佛家所称的"不动三摩提"。

38.　　　　凡在思维不起处，

　　　　　　既无能取及能舍；

　　　　　　住于自我之智慧，

　　　　　　无生证入平等性。

释：本颂继续阐述梵境的超验特征。"凡在思维不起处"即指上一颂所说的"不动无畏三摩提"。"能取"即主体的意识，"能舍"即能舍弃的客体对象。意谓在"思维不起"的定境中，内在精神世界既不存在"能取"的主体，亦不存在"能被舍弃"的客体。瑜伽行者达到这一能所俱离的定境时，意味着他已安住于自我智慧之中；在自我智慧的观照中，经验世间的一切事物，皆显出其无生和平等的本质。

梵语 ātmasaṃstham（住于自我之智慧）相当于佛家说的 vijñaptimātra（唯识）或 vijñānamātra（唯识）。世亲的《唯识三十颂》第 28 颂说："若时于所缘，智都无所得，尔时住唯识，离二取相故。"玄奘的《成唯识论》（卷九）解释此颂说："若时菩萨于所缘境无分别智都无所得，不取种种戏论相故。尔时乃名实住唯识真胜义性即证真如，智与真如平等平等，俱离能取所取相故，能所取相，俱是分别，有所得心，戏论现故。"梵本《楞伽经》（laṅkāvatarasūtra，第 169 页）亦有同样的阐述："于所缘境，智无所取，即时安住于唯识。识无所取故，能取亦无；无能取故，智亦无有。"显然，本颂的"住于自我"（ātmasaṃstham）是"安住于唯识"（vijñaptimātravyavasthānam）的发展。

在奥义书中本颂这一理论(住于自我)早有阐述。《石氏奥义》(Ⅱ.3.10)说,"五知根及识,静止安住时,菩提觉不动,称曰最上境"。此中"最上境"是梵的境界;识"静止安住时"正是转识成智之时,智即超验智慧,也就是梵。故奥义书哲学家常将梵称作智(识vijnāna)。

> 39.　　此名曰无触瑜伽,
>
> 　　　一切行者难证见;
>
> 　　　彼等由是生恐怖,
>
> 　　　无怖畏中见怖畏。

释:本颂总结上一颂的定境,并为之命名"无触瑜伽"(aspars̄ayoga)。意谓"住于自我之智慧"这种超验定境的名称是"无触瑜伽"。"瑜伽"(yoga)是禅定的总称,"无触瑜伽"在论主的心目中是瑜伽法中最高深、最难修的一种。"无触"即"无住",意谓在这种瑜伽定境中,精神处于超验的巅峰状态,排除了能触(能取)和所触(所取)的一切心理障碍;一如《金刚般若波罗密多经》所说的"菩萨于法应无所住"。

无触瑜伽,对所有瑜伽行者来说,都是高深难证的。正因如此,有的瑜伽行者产生畏难心理,不敢修习此定。颂的最后一句"无怖畏中见怖畏"有二义:一、无怖畏。无触瑜伽虽然艰深难修,但对正智者说来,不会产生任何畏惧心理,能够坚持修习,直至定功究竟成就。二、有怖畏。无触瑜伽,对"弱智者"(慧根较低者)说来,有可能产生相反的心理反应,即产生畏难情绪,没有勇气进行修习。其实,无触瑜伽,人人皆可修学,本无可怕;而有认为此法可怕,不敢修练者,正反映他自身的根性、智力是低劣的。

"无触"这个术语不见于奥义书,亦不见于佛典。它似是论主乔荼波陀参考佛家"触"(sparśa)一语独创而成的。参看本论第四章第2颂。

> 40.　　　一切瑜伽修持者,
>
> 　　　　调伏意识得无畏,
>
> 　　　　断除痛苦成正觉,
>
> 　　　　安住寂静恒不坏。

释:本颂阐述"无触瑜伽"的主要作用在于在实践这一瑜伽的过程中成功地调伏意识。调伏意识,即第28颂所说的"凡在思维不起处,既无能取及能舍"。一旦意识被调伏,便立即在精神上取得突破性的超验成就——得无畏、除痛苦、成正觉、住寂静、恒不坏。

> 41.　　　犹如使用小叶端,
>
> 　　　　一点一滴抽海水。
>
> 　　　　调伏意识事亦然,
>
> 　　　　应无疲倦苦坚持。

释:本颂阐明"调伏意识"是一项十分艰难的瑜伽修练。论主首先举喻,强调"调伏意识"的艰巨性:比如有人试图使用树叶的尖端作为抽水工具,一点一滴地去抽干大海水。这事只有以无限的时间和永恒的努力才有可能成功。同样,在瑜伽实践中对意识进行调伏,是困难重重,只有不知疲倦地坚持苦修,才有成就的可能。正如《薄伽梵歌》(Ⅵ.23)说,"应知离苦结,此名曰瑜伽;应修此瑜伽,坚持心不逾。""离苦结"即上一颂所说的"断除痛苦"。

42.　　　爱欲享受心散乱，

　　　　　应用方法来调伏；

　　　　　睡眠使心生欢喜，

　　　　　亦如爱欲令调伏。

释：本颂列出在瑜伽修习中首先需要调伏的心理现象，即，一、爱欲（kāma）和二、睡眠（Laya）。享受——贪著前者，会使心散乱。心散乱，谓意识在与各种外在对象接触时产生迷惑，眷恋不舍。享受——贪著后者，令心陶醉，沉睡不醒。

Laya 是一种睡眠状态。有两种解释。一种解释（本论论主的意见）："熟睡位 susupti"，定中心理活动四阶级（四位）的第三阶段，接近于"梵"的境界（参看本章第 35 颂）。另一种解释（如 15 世纪妙喜论师 Sadānanda 所说的）："沉睡 nindrā"，是一种必须调伏的心理障碍。从本颂及此后数颂的意见看，laya 作 nindrā（沉睡）解，似乎更合本论文意。

43.　　　随念一切皆是苦，

　　　　　断除爱欲之享受；

　　　　　随念一切皆无生，

　　　　　必然不见有所生。

释：本颂至第 47 颂提出调伏心理障碍，特别是爱欲和睡眠的方法。"随念"意即"时刻记住"：经验世界的一切，无论以何种形式出现，都是根源于痛苦——烦恼。这样观察，便能逐步在无触瑜伽实践中断除对经验世界的爱欲和一切与爱欲有关的享受。与此同时，还要时刻牢记经验世界的任何现象，都是由众多主、客观条件集合而成，本身没有固定和永恒的主体——本身如幻非真。由是观察,事物本身过去未曾生,现在不会生,未来也同样不会生。颂中"不见有所生"正是指事物在过去、现在、未来三段时间都是本来"无生"。无生故,无执著;无执著故,包摄爱欲和睡眠在内的一切心理障碍获得调伏。

> 44.　　　心在睡时应觉醒,
> 　　　　又须止息其散乱;
> 　　　　已知心有污染故,
> 　　　　取得寂静不动摇。

释:本颂讲如何在睡时和醒时调伏心理障碍。颂的前两句:1)睡眠时,不应沉睡不醒,而应时刻保持警觉;2)散乱,谓意识在醒时和睡时因外境的诱惑、刺激而失控的状态,这种散乱状态亦应同时克服。后两句:"污染"是指贪、瞋、痴三毒;意谓由于知道了这些有害的意念,故在瑜伽实践中使之消除。"寂静"是说在瑜伽苦修中消除心理垢秽后,取得内心的寂静,意识再和外境接触时不会产生迷惑、彷徨、执着。

> 45.　　　不应陶醉于安乐,
> 　　　　须以般若住无著;
> 　　　　不动之心若出离,
> 　　　　勤勇精修令归一。

释:前三颂(42、43、44)列举了四种心理障碍:1)散乱;2)睡眠;3)污染;4)寂静(安乐);并且对前三个范畴作了论述。本颂(45)将对第四个范畴(寂静或安乐)进行阐述。

颂的前两句:"安乐"(sukha)即上一颂的"寂静"(śama),是在瑜伽实践过程中逐步调伏了散乱、睡眠和污染的心理障碍之后所取得心灵上的安乐——寂静境界。但是，一个真正悟知不二论的瑜伽行者不应停留或留恋已得的安乐境界，而应进一步运用"般若"来观察。般若即是智慧，智慧洞见一切法皆空；法空故，没有所执对象；所执既空，能执亦无；如是能所俱泯，主客同一，这便是"以般若住无著"——自然也不住于安乐。颂的后两句："出离"意谓意识离开稳定的状态，不受控制。在瑜伽实践中，意识受到控制，处于不动的状态；万一控制不住，出现动摇，则应及时加强修练，使意识复归于一——三摩提的定境。

"归于一"(ekikuryāt)有二解。一是，人死后意识脱离与外在境界接触，集中于一，即集中于灵魂（生命）。灵魂将离开旧的肉体，去寻找新的肉体(ekibhavati)[1]。一是，定中心理活动四阶段的第三阶段（熟睡位）。在这个阶段，意识集于一，充满喜乐[2]。本颂的"归一"接近第一解，因为下一颂说，心理障碍得调伏时，内心世界便变成梵。

> 46.　　若心不睡眠，
>
> 　　　　亦不起散乱，
>
> 　　　　无动无意象，
>
> 　　　　此心即成梵。

释：本颂阐述瑜伽实践的功果关系。功，是说在瑜伽修习过程中调伏了种种心理障碍，尤其是睡眠、散乱、污染这些不善心理现象。这些功力所产生的效应是"梵"——内心的超验清净境界。这

---

① 《广林奥义》Ⅳ.4.2。

② 《蛙氏奥义》5。

便是"果"。

"无意象"(anābhāsa)的"意象"(ābhāsa),是专门指意识与外境接触而产生内在影象。"无意象"有二义。一是,外在客体(对象)和内在意识本来俱非真实的存在;二是,"梵"是绝对不二,心物同一。瑜伽行者在瑜伽修持中内心消除能取所取的二执,便立即悟证梵的境界(参看本论第二章第14颂及注)。

> 47.　　安稳寂静及涅槃,
> 　　　　最上快乐不可说;
> 　　　　可知境界无生故,
> 　　　　无生称曰一切智。

释:本颂及第48颂总结成功的瑜伽实践的结果。颂的前二句:成功的瑜伽行者所悟得的"超验客观境界"是最上快乐;它的特征是安稳、寂静、寂灭;这种胜妙境界是超越语言文字所能描绘的。颂的后二句:成功的瑜伽行者所悟得的"超验主观境界"是一切智;它的特征是,能知之智无生,所知之境亦无生。如是观察一切法无生,无生即是一切智,即洞知世出世间一切事物的根本(无生)之智慧。这也是佛家所说佛陀智慧之一(参看本章第2、36、38颂)。

> 48.　　既无任何个我生,
> 　　　　亦无彼生可能性;
> 　　　　此为至上之真理,
> 　　　　于此无有一物生。

释:本颂是本章最后一颂,再次总结无生、不二的真理。颂的前二句:个我(jīva),实际上是泛指一切生物或众生。意谓在无生理论上,不见有众生生,亦不见众生有生之可能。这是彻底的无生。后二句：彻底无生即是至上的真理；真理本然寂静真空，不存在任何能生和所生、或自生和他生的现象。

本颂和上一颂似是对龙树的无生论的发展：

> "诸法不自生，亦不从他生；
>
> 不共不无因，是故说无生。
>
> 如诸法自性，不在于缘中，
>
> 以无自性故，他性亦复无。"①

---

① 龙树《中论颂》观因缘品第一。

炭灭章第四

[本章提要:这一章共有 100 个颂,全面总结前三章的内容,并且还有新的发展。它的第 1 颂是一个归敬颂,论主以此向"二足中最尊"——佛陀致敬礼,并暗示他将采取佛教范畴和术语来总结他的绝对无分别不二论。因此,他在这最后一章中,不惮其详地,根据他自己对佛教教义的理解,复述(中观论的)不二、无生、如幻、如空、生死、有无、因果、始终、三时(过去、现在、未来)和(唯识宗的)唯识无境、真俗二谛、三性(遍计所执、依他起、圆成实)等理论,用以论证他的绝对无分别不二论的观点。最后,论主高度赞叹佛陀说法而又无法可说的无住无著的超脱态度:"善护众生之觉者,其智不著于诸法;如是一切法与智,佛陀实际未宣说。"他认为,自己在哲理上的成就归功于佛陀的教法对自己启发的结果,因而在最后的结尾颂中,他对佛陀表示了衷心的感激:"难遇甚深与无生,正等无畏及非异;如是道理悟知已,我等如力致敬礼。"]

  1. 能知智慧如虚空,

      所知境界无差别,

      正觉诸法如空者,

      礼彼二足中最尊。

  释:第四章共有 100 个颂,概述、总结前三章内容。论主仿照佛教论师写作格式,开章先作两个归敬颂,用以表示对前贤先圣的尊敬和自己的祝愿。

本颂是第一个归敬颂,向"二足中最尊"礼拜致敬。"二足"即人类;"最尊"即人类中最优秀、最伟大者。又"二足"谓智足和福足;"最尊"谓人类中具有最圆满的智慧和福德者。论主在本章中采用大量佛家哲学术语来论证、总结他的哲学体系;这在另一方面说明,乔荼波陀吸收或接受了佛教某些重要哲学理论(例如空宗和有宗的理论)。据此推定,所谓"二足中最尊"不是别人,而正是佛教教主释迦佛陀。

为什么要向佛陀致敬? 在论主看来,佛陀能知的智慧就像虚空那样无限无尽,同时,和它所知的境完全同一无异——佛陀如空的智慧是能知所知二者,圆融同一,无有差别。佛陀以此智慧来观察宇宙,故能正确觉知一切法如空。如空,意谓诸法本无自性,众缘所生,非真存在,故曰如空。其次,世间和出世间法,无边无限,充遍宇宙,犹如虚空。正因佛陀具有如此广大甚深的智慧和威德,所以衷心虔诚向他膜拜行礼。

> 2.　　有定名无触瑜伽,
> 　　　一切众生所喜乐,
> 　　　有利无诤无相违,
> 　　　敬礼此法示教者。

释:本颂是向传授"无触瑜伽"的导师致敬。无触瑜伽(Aspar-śa-yoga),论主认为是一个极其高深难解、难修的禅定。它本身是完善而无可争议,合理而无有矛盾,对修习者十分有利。有利,是说修持者能够在这个瑜伽的定功中"调伏意识得无畏,断除痛苦成正觉,安住寂静恒不坏"(第三章第 40 颂)。所以这个"无触瑜伽"法得到一切众生的喜爱。为此,我特地向传授此法者接足行礼,虔诚致敬。

传授无触瑜伽法者是谁?无触瑜伽的"无触",梵语为 asparśa,从词根 spṛś 加否定前缀"a"构成的抽象名词。根据本论校刊者月顶论师的考证(本论原文本第 94—100 页),asparśa 这个词虽然是梵文,但不见于包括奥义书在内的婆罗门教文献。另一方面,sparśa(触)常在佛教经论中出现,作为感官的对象(《俱舍论》卷四)或作为心理活动现象之一(《大乘百法明门论》)。sparśa(触)具有"不净、污染"的内涵;它的反义词 asparśa(无触)具有"清净、无染"的内涵。月顶论师由是推定,asparśa(无触)和 asparśa-yoga(无触瑜伽)很可能是佛家的创造。而传授无触瑜伽法者也正是佛教始祖释迦牟尼佛陀。

这样,本章开宗的第 1 和第 2 颂都是向佛陀致敬的归敬颂。

　　3.　　某些好辩者计执,

　　　　现实事物即有生;

　　　　另有认为非实在,

　　　　如是彼此相争论。

释:从本颂至第 23 颂,论主从存在的实非实、生与死、因与果等方面深入论证、总结无生原理。本颂首先提出存在实非实两个问题展开讨论。第一,有的好辩的论师说,现实事物的存在就是有生,而不是无生。第二,另有论师说,现实事物的存在不是真实的,因此,不是有生,而是无生。这样两派争论不休。

> 4.　　现实存在本不生，
>
> 　　　非实存在亦不生，
>
> 　　　不二论者故辩说，
>
> 　　　正是如此皆无生。

释：本颂评说上颂的两种观点是不正确的。正确的观点应该是，现实存在本来不生，非实存在同样不生。因此，（佛家）不二论者说，一切实与非实皆归无生。

> 5.　　彼等宣讲无生义，
>
> 　　　我等随喜表赞成；
>
> 　　　不与彼等相辩论，
>
> 　　　谛听如何无争议。

释："彼等"是指佛家不二论者。"我等"是指以乔荼波陀为代表的吠檀多论者。吠檀多论者一般地以奥义书为依据，只承认"梵"创造世界，一切从梵而生；也就是说，只承认有法产生，不承认无生。乔荼波陀本人原是吠檀多论师，但他深受佛家哲学影响，接受了佛家所主张的一切法"无生"的原理。所以他说，如果他们（佛家不二论师）宣讲无生义理，我们（吠檀多论者）一定表示支持、赞成，不会和他们争论。本颂最后一句："谛听如何无争议"就是乔荼波陀劝告他的吠檀多徒众们认真聆听不二论者关于无可争议的无生真理。

> 6.　　辩者又主观认为，
>
> 　　　有生出自无生法；
>
> 　　　既是无生不死法，
>
> 　　　如何会成有死者？

释:本颂又举出另一个辩论者的意见。这名辩论者主观地猜想,有生之法来自无生之法。论主认为,这也是不正确的想法。要知无生法是不死法(不灭法)。不死如何成为有死——无生若是变成有生,岂不是荒谬吗? 论主在下一颂重申此义。

7.　　　不死不会变为死,

死亦不会变不死;

二者自性起变异,

此事绝无有可能。

释:本颂接上一颂进一步阐明不死法不可能变成为有死法。"死"是说受生、住、异、灭或生、老、病、死的自然规律制约。"不死"正好与死相反,不受自然变化规律的影响。死与不死,二者性质根本不同,相互变换——不死变死或死变不死,绝对没有这种可能性。

8.　　　自性本然不死法,

可以变成有死者,

斯乃所作不死法,

何能常住不变动?

释:"所作不死法"的"所作"意即"人工制作"。本颂表明,即使退一步说,不死法可以变成有死法,显然这种不死法是人为的,即通过人工制作出来的;这样的不死法不可能常住永在,不变不动。这一理论似乎出自龙树的《中论》(观有无品第十五第1、2颂):

"众缘中有性,是事则不然;

性从众缘出,即名为作法。"

　　　　　　"性若是作者,云何有此义?

　　　　　　性名为无作,不待异法成。"

龙树对事物的观察是"诸法众缘生",凡是倚赖内在和外在的条件合成的东西,都是人工制作的东西(作法)。这种人为的东西不能说它具有"自性"(不变的性质)。而凡是具有(不变)自性的东西,则非人工制作的,它不需要等待本身以外的其他条件(缘)来合成。本颂所讲的人为制作的不死法,恰恰是倚靠内外条件合成的东西,不可能永恒"不死、不灭"。

　　　　9.　　　自性自成又自然,

　　　　　　　　与生俱来非所作;

　　　　　　　　是故应知此自性,

　　　　　　　　不会脱离其本性。

　　释:本颂解释事物的"自性"(Prakṛti, Svalhāva)的基本特征是:自成(自身成立,不赖他缘)、自然(天然而然,本来如此)、与生俱来(先天而有,非后天生)、非所作(自身圆满,不假人工制作)。这就是事物的"自性",它永恒保持自身这些特点,不会改变(脱离)自己的本性。

　　按照龙树的观点,诸法的自性,不可说绝对有,或说绝对无;因为"定有则著常,定无则著断;是故有智者,不应著有无"(《中论》观有无品第 10 颂)。

　　　　10.　　　诸法本性上,

　　　　　　　　原离老与死;

　　　　　　　　若思有老死,

　　　　　　　　如念再生死。

释:"诸法"包摄主观世界和客观世界的一切现象。"老、死"是指生物界的生、老、病、死;非生物界的生、住、异、灭。诸法,就其现象而言,似有老死;就其本性而言,则远离老死。论主在此提出警告:哲学家或修道士,如果不懂这一道理,固执诸法实有老死,这无异自寻烦恼,甘受生死苦。

11.　　　若云因中含有果,

　　　　　果乃由因而产生;

　　　　　有生何得称无生?

　　　　　有异何得称常住?

释:论主是从各个角度来批判有生论。本颂继续举出数论哲学家所执的"因中有果论"来批判。论主在本颂中指出,数论哲学(sāmkhya)执"因中有果,果由因生",有二不应理:1)因能生果,因是有生,不是无生,有生则有灭;2)因与果有异,有异则有变,有变则不常。因此,数论师所执因中有果论,既非无生的真理,亦无常住的意义。

12.　　　若因(无生)非有异,

　　　　　是故其果亦无生;

　　　　　然而由于果有生,

　　　　　如何能说因永在?

释:数论师固执因为无生,故狡辩地说,因是无生,无生之因与它所生之果无有差别,故果同样是无生因。但此说非理。果既然由因而生,即因能够生出与因本身有异之果,不消说,此因根本不是无生;非无生之因,何能称得上常住不变?

13.　　　若言生自无生来,

如此例证未曾有；

若云生从已生来，

是则生生无有尽。

释：本颂又列出数论师两种意见，一是"生从无生来"，一是"生从已生来"。论主批驳道，生从无生来，只是一种妄想，根本没有这样的事例。至于说生从已生来，同样是不合理的。因为，如果说"甲（有生）"从"乙（已生）"生，那么，乙肯定是从（生在它之前的）"丙"生，丙同样必然是从（生在它之前的）"丁"生；如是推论，生生无尽，岂非荒谬？所以，有生既不是从无生来，也不从已生来。

14.　　既执因前已有果，

在果之前已有因，

彼等如何能描述：

因果二者俱无生？

释：本颂又列出一种外道观点，执著因前有果，果前有因，断言因果俱无始。论主认为此说亦不应理。试举种子与幼芽为例：种子之前有幼芽，幼芽之前有种子；二者相依而存在，不能断定在二者之间是种子先有，还是幼芽先有，故说种子与幼芽俱无始。因果关系也是如此，即因与果皆无始。但是，如果说因前已有果，果前已有因，由此断定因果俱无始，这就不合理了。

15.　　若因之前已有果，

在果之前已有因；

是则犹如人之生，

父亲可从儿子生。

释：本颂接上一颂，对执"因前有果，果前有因，故说因果俱无始"作进一步的批驳:如果承认此说,是则无异承认人类中"父子相生"——子之前已有父,父之前已有子(这就说父从子生;或者说,儿子能产生老子)。这不是十分荒唐吗?

　　　　找出因果之次第;

　　　　若云因果同时生,

　　　　二者无关如兽角。

　　释:本颂又引另一观点来批驳。这个观点认为,因果不是从无始生,那么可以说是"同时生"。论主认为,这一观点和前一观点一样的谬误。首先,你必须在因果生产的过程中,找出因果的先后次第。如果由于找不到因果的先后次第,便产生不耐烦的情绪,妄说因果同时生。如果固执此说,那么因之与果,无异兽之二角,彼此毫无关系。所以执因果同时,同样是非理。

　　　　17.   若说因从果中生,

　　　　是因无法得成立;

　　　　因之成立不可能,

　　　　如何会有因生果?

　　　　18.   若谓因以果得成,

　　　　果又由因而得成;

　　　　请问二者谁先有,

　　　　因果依之而得成?

　　释:这两个颂同破执"果生因"说。论主斥曰:首先"因从果中生"的"因"不能成立;不能成立之"因",自然不能生"果"。若谓因果二者俱成立,请问二者谁先有,因果依之而立? 其次,是否因果之外还有第三者,因果依之而成立?

龙树在《中论颂》(观可然品第十)论"薪"与"火"的关系说:

　　"若依薪有火,依火而有薪;

　　先定是何法,火薪二俱依。"

此中"何法"有二义:1)薪与火二者中,须先定出薪或火是二者(薪、火)依之而有;2)是否除薪、火之外,还有第三种法,薪与火依之而有。龙树的意思是,薪或火都是依缘而生,不可能独立存在。至于因果关系也是如此。本论论主对数论师的"因果论"深入批判,很可能从龙树理论中得到启发而作的。

数论哲学的因果学说,总的来看,共有三个命题:1)先有因,后有果(因生果);2)先有果,后有因(果生因);3)因果同时生。前二说,已在第11至第18颂详细分析、批判。第三说尚未明确地触及,论主似乎有意省略。

19.　　众生无力又无智,

　　　　无法理顺其次第;

　　　　是故觉者诸佛陀,

　　　　宣说一切皆无生。

释:以上所涉及因果的种种异说,其目的不外企图建立有生论,用以反对本论宗旨的无生论。颂的前二句:指出众生之所以妄执有生论,有三个原因:1)没有意志力;2)没有智慧;3)不能按无生论来观察、理顺事物间的各种关系,包括因果关系。后二句:正因大多数众生不能领悟无生真理,所以佛陀慈悲,怜悯地宣说,一切法本来无生,执有生是错误的。

20.　　种子与嫩芽譬喻，

　　　　吾人常引作例证；

　　　　然而尚待论证因，

　　　　不能成立所立法。

　　释：如前表明因果关系不可能有生。可能还有人对此提出反对意见，并引用"种子"与"幼芽"为例。众所周知，幼芽出自种子，种子出自幼芽；如是生生无穷，这是事实。据此，因果关系得以成立，不能说因果皆无生。本颂对此作出答复：我们（包括论敌）经常引用种子与幼芽这个譬喻。须知这个譬喻是一个有待双方论证和承认的"因"；在此之前（双方未承认之前）这个"因"是没有成立"所立法"（命题）的功能的。

21.　　否认事物有始终，

　　　　以此说明无生理；

　　　　然而由法有生故，

　　　　云何不言法有始？

　　释：本颂开始关于"无始无终"的讨论。首先由论敌提问："你们（本论论主）否认事物有其起点和终点，以此来说明无生的理论。但是，事物（法）有它产生的起点，这是事实。你们为什么不承认这个事实——事物有始论？"

22.　　世间无有一事物，

　　　　可以自生或他生；

　　　　世间亦无一事物，

　　　　或有或无或二俱。

　　释：本颂是论主对论敌的答复。"自生"即由事物自身中产生；

"他生"不是由自身，而是从别的物体产生。"有"即存在，"无"即非存在，"二俱"同时为存在和非存在。论主认为，事物既不是从本身产生，也不是从自身以外的他物产生。既不能说它存在，或非存在，或同时存在和非存在。因此说事物无生，以无生乃事物的本性故。

论主在此完全按龙树的说法来回答。龙树的说法是：

"法不从自生，亦不从他生，

不从自他生，云何而有生？"①

"诸法不自生，亦不从他生，

不共不无因，是故说无生。"②

此中"无因"的因是因缘。"众因缘生法，我说即是空……"③"空"即是无生。论主按龙树理论答复论敌是正确的。

23.　　因果二俱无有始，

自性本然无有生；

事物始点不存在，

彼之产生亦非有。

释：本颂从正面再次回答因果有生者。"因果二俱"即"因"、"果"、"因果二者同时"的三种情况。论主认为，因无始、果无始、因果二者同时亦无始。因果之所以无始，是因果本性使然；因为因果无有始，因果自然无有生。无生是包括因果在内的一切世间事物

---

① 《中论颂》观成坏品第二十一。

② 同上，观因缘品第一。

③ 《中论颂》观成坏品第二十一，观四谛品第二十四。

的本性,故无生是一个普遍的真理。

24.　　事物假名有因相,

　　　　不尔能所二俱灭;

　　　　又由感受污染故,

　　　　此谓之为依他起。

　　释:"假名"即为事物所立的名言概念。"因相"即名言概念的目的和作用——对世间一切主观和客观现象(包括龟毛兔角)进行描述的作用(类似今之所谓符号作用)。如果取消名言概念,则难以为众生说明主观现象(能取)和客观现象(所取)。必须指出,名言概念,无论其作用如何,本身是"假的",非真存在。"污染"即烦恼。众生感受到烦恼的困扰,这是事实,但烦恼无自性,是依赖外在不善的条件而出现,和假名一样,非真存在。因为非真存在,故曰无生。

25.　　按照推理之观点,

　　　　假名具有其因相;

　　　　按照如实之观点,

　　　　因相即是非因相。

　　释:论敌进一步质问:"假名虽不是真实,但是客观存在;众生感受的污染也是事实;既是客观事实,则不能否认它们的产生。"本颂对此作出回答:

　　"推理观点"即俗谛观点;"如实观点"即真谛观点。本颂据此再次说明因相的实质:从俗谛观点看,名言概念是有描述世间事物的作用(因相)。若按真谛观点说,名言概念的作用,和名言概念本身一样是"假的",非真存在——非因相。

26.　　　心不接触外境界，

　　　　　如是亦无似外境；

　　　　　由于外境非真实，

　　　　　是故似境亦非异。

释：论敌可能又会问："按你的理论，没有外在事物，但你不能否认在我们的周围存在着与事物相似的反映（似外境）。在你看来，这可能是虚妄的，但它一定有其原因。这是什么原因？这无非心与境的接触。这样，即使是一个似境，也可以由此设定外境的存在。"

本颂是论主根据唯识宗理论答复：颂中的"心 citta"是第八识的阿赖识或藏识而言。藏识不和它自身变现的外境接触，也不和反映外境的映象（似外境）接触。因此说心与境接触是不对的。其次，藏识变现的外境本来非真实，反映它的影象（似外境）也无异于外境，同样不是真实。这样，由藏识变现的外境和后者的似外境俱非真实，唯藏识（心）是真实。这就是唯识的真理。

27.　　　心于过现未三时，

　　　　　从不接触于因相；

　　　　　既然因相不存在，

　　　　　云何会起颠倒想？

释：本颂再说明唯识无境的理论。名言概念的作用（因相）是藏识（心、真心）变现的外境，非真存在。作为真实存在的藏识，无论在过去、现在或未来三世中，都未曾和非真存在的"因相"发生接触；这就是说，在真存在的藏识中没有非真存在的"因相"的存在。因相本来不存在，而偏执为存在，这岂不是一种颠倒真伪的思想吗?

28.　　　是故能缘心不生，

　　　　心所缘境亦不生;

　　　　彼等若言是心生，

　　　　是见空中鸟踪迹。

29.　　　无生乃从无生生，

　　　　是故无生是自性;

　　　　无生自性无变易，

　　　　今后亦决不改变。

释:从本章第 24 至 27 颂，论主阐述了他所理解的佛家唯识理论。第 28、29 两颂是对这段论述的总结:一切唯是一心。此心是真心，是藏识，清净寂然，不动不生;能缘的主观和所缘的客观，同归无生，永恒不变。这个总结无疑是按如实观点作出的。

30.　　　轮回无始但有终，

　　　　如此说法不成立;

　　　　解脱有始但无终，

　　　　如此说法亦非理。

释:论主在本颂开始讨论"轮回"和"解脱"是否有始终的问题。论主首先指出有生论者不能解释两个命题:1)轮回无始有终;2)解脱有始无终。因为，有生论者必须承认轮回(生死)有其起因;既有起因，则必有其始，如是轮回无始之理不能成立。同样，有生论者亦执解脱(涅槃)有其起因;起因即是开始;既有开始，必有终结。如是，说解脱没有终结不合理。

论主是根据龙树的理论来批驳有生论者的。龙树说：

"大圣之所说，本际不可得，

生死无有始，亦复无有终。"①

"涅槃之实际，及与世间际，

如是二际者，无毫厘差别。"②

龙树在这两个颂中阐明，生死轮回无始无终。同样，涅槃解脱也是无始无终。显然，这是中观的真空理论。论主乔荼波陀接受这一理论，用以批驳有生论者，并且在以下数颂中加以发挥。

> 31.　　凡是无始无终者，
>
> 现在同样不存在；
>
> 正如伪妄诸现象，
>
> 外在显示似真实。

释：本颂进一步阐述事物无始无终的理论。也许有人认为，事物无始无终，是不是还有"中"——没有过去与未来，是不是还有现在？论主对此作出完全的否定：既然没有始终，当然也没有"中"——过去、未来不可得，现在也不可得。论主还举例说明。"伪妄现象"是指睡时的梦境；"真实"是指醒时的现实。不二吠檀多论者认为，睡时的梦境和醒时的现实都不是真实，但醒时境界是一种真实的反映，即似真实③。同理，过去（始）和未来（终）是虚妄不实，现在（中）是真实的反映，是似真实。这就是说，事物既是无

---

① 《中论颂》观本际品第十一。

② 同上，观涅槃品第二十五。

③ 参看本书第二章前1—11颂。

始(过去)和无终(未来),自然也没有中间(现在)。

　　龙树对执著中间的说法早有批判:

> "若无有始终,中当云何有?
>
> 是故于此中,先后共亦无。"①

龙树不仅否定了始终和中,也否定了"先后同时"。

> 32.　　醒时计划诸活动,
>
> 　　　睡时梦里复得知。
>
> 　　　由于有始与有终,
>
> 　　　须记此乃虚妄境。

　　释:本颂讲梦境的产生有其起因和终结,故是虚妄不真。起因是醒时活动的情景;终结是梦境自身。梦境有始有终,一如海市蜃楼,非真境界。

　　本颂义同第二章(虚妄章)第7颂:

> "即使梦中诸境界,
>
> 显然亦具原因性;
>
> 是故由有初与后,
>
> 牢记梦境是虚妄。"

　　从本颂至以下数颂,论主复述梦境理论。其目的是:1)从睡时梦境非真再次论断醒时境界也同样非真;2)论证凡有始终的事物皆是虚妄;3)深入批判有生论。

> 33.　　梦里一切法皆妄,
>
> 　　　肉体内在显现故;

_____

① 《中论颂》观本际品第十一。

于此封闭状态中，

如何得见诸实在？

释：本颂是第二章（虚妄章）第1、4两颂的复述。

34.　　梦里所见不应理，

梦境无有定时故；

因此所有觉醒者，

不住此类梦境界。

释："觉醒者"即非在睡中做梦的、意识正常的人。"不住"意即不会认为这类梦境是合理的、现实的境界。

35.　　梦中与友共畅叙，

醒时是事不存在；

凡在梦里所见者，

醒时是事不复见。

释：本颂和上一颂是对梦时境界和醒时境界作出区别。

本颂义同第二章（虚妄章）第2颂：

"梦里时间短暂故，

无能去览众景色；

寤者觉知所梦境，

醒时根本不存在。"

36.　　梦里肉体非真实，

见有另一异体故。

犹如肉体非真实，

心缘众境亦非实。

释:在梦里的肉体与醒时实在的肉体有根本区别。前者不是实有,后者是事实。所以,梦中的肉体是一个有别于醒时实在肉体的肉体。同理,由心识(藏识)外现的一切精神现象和物质现象(包括醒时的实在肉体)也非真实,正如梦中肉体不是真实的肉体。

本颂表明论主接受佛家"心生则种种法生"的万法唯心论。心是真实,但由它外现的一切现象则非真实。

37.　　梦里经验似醒时,

　　　　醒时经验乃梦因;

　　　　由此梦因故承认,

　　　　惟彼觉知醒时真。

释:本颂分析梦中所见与醒时所见的因果关系。论主似乎以此开始他的论证——醒时境界和梦时境界俱非真实的存在。

1)梦中经验是醒时经验的反映,故与醒时经验类似;前者(梦境)是果,后者(醒境)是因。2)因为醒时所见是梦因,故醒时境界只有对做梦者说来才是真实——"惟彼觉知醒时真"。3)醒时经验是"因",睡时梦境是"果";但果(梦境)非真。由果推因(醒时经验),因亦非真,以因果的性质必须一致故。由是得出的结论是:醒时所见与梦中所见,俱非真实。

38.　　醒时所见非真境,

　　　　迷恋复见于梦中;

　　　　梦里所见非真境,

　　　　醒时亦复不得见。

39.　　犹如醒时颠倒故,

竟视奇观如真实；

同样梦里颠倒故，

看见梦境似真实。

释：第 38 和 39 这两个颂总结上述梦境理论：1）梦中所见一切现象都是幻妄非真。2）梦中境界有时是醒时境界的复现；前者是梦之果，后者是梦之因。果（梦境）非真存在，由果推因，因（醒时境界）亦非真。3）由于有错觉（思维错乱、颠倒），即使在醒时，也会把幻象奇景（如海市蜃楼、魔术变幻）误作真境界；正如在做梦时，错把梦境作真境。4）说到底，按照绝对不二论，睡时梦境和醒时现实，在本性上，都是如幻境界，非真存在。

40.   有生不能成立故，

宣说一切皆无生；

实在产生非实在，

是事决无有可能。

释：本颂是无生论的总结。如前详细讨论有生论后，证明有生论不能成立为一正确的哲学理论，只有无生论才是正确的哲学理论。所以本论宣告一切皆无生。

"实在"（bhūta）是指"物质"；"非实在"即"非物质"。论主的意思是，无生论是真理，有生论是谬论。谬论不能产生于真理；正如非物质的东西不能产生于物质。这也像求兔生角一样荒谬。

41.   无既不具无之因，

有亦不具无之因；

有既非具有之因，

无亦非具有之因。

释：本颂是上一颂补充说明：有生论（因果关系）是不正确的，无生论才是真理。本颂用四句义来论断"因"非存在；因不存在，故果亦非有——破因果有生论。

"无"即非实在，"有"是实在。意谓无论从"无"出发或从"有"出发，都找不到有生论者的"生因"。这可以从四个方面来考察：

1）非真实，不能具有非真实之因；

2）真实，亦不具有非真实之因；

3）真实，不能具有真实之因；

4）非真实，亦不能具有真实之因。

这个四句模式说明"因"不可得；因不可得故，"果"亦不可得。如是证明"因果无生论"是正确的，"因果有生论"是错误的。

42.　　存在实有论师们，

由于经验与习惯，

总是畏惧听无生，

为此诸佛说有生。

43.　　有人惧怕听无生，

由于经验故离去；

但此不成有生过，

即使有过亦是小。

44.　　如因经验与习惯，

故说幻象为真象；

同样因经验习惯，

> 故说物品为真实。

　　释：论主乔荼波陀吸取了佛家无生论的思想和原理，在批判有生论的基础上建构了自己的无生论。但是他也知道，在佛经里面，到处都可以看到释迦牟尼佛陀在宣讲世间的善恶因果、生死轮回的道理（有生论）。这样，佛陀一边在讲无生论，一边又说有生论。这在理论上岂非自相矛盾吗？这里的三个颂（42、43、44）正是论主用来为佛陀这种看似矛盾的说法作解释：佛陀所宣讲的无生理论是甚深微妙的究竟真理，一般根基差、修养浅的人是难以领会、接受的。这类慧根不深的人大都是实有论者，执一切实有，有生有灭，有始有终——有生论。由于他们在世间长期的实际经验和习惯，使得有生论能够深深扎根在他们的思想深处。结果，先入为主似的，他们不愿意，其至害怕听到无生的理论。佛陀在许多场合之所以宣讲与有生论有关的道理，就是为了启发、引导这些理论修养低的人，以便逐步提高他们的思想觉悟和理论水平，从有生论者过渡成为无生论者。佛陀还原谅这些有生论者，认为他们执有生论并无过错；即使有的话，也只是小过而已。佛陀预见，这些人最终是会认识到"无生原理"才是至高无上的谛理。

45.　　无生不动及非境，
　　　　唯识寂静及不二；
　　　　显似有生与有动，
　　　　以及似有物境界。

46.　　如是心乃不生起，
　　　　如是诸法亦无生；

如是了知斯理者，

永不堕入颠倒中。

释：此前，论主基本上是采取佛家中观理论来阐述无生论。从第 45 至 52 颂，论主则用佛家的唯识理论来阐述无生论。论主的意图似乎要表明，佛家两大理论体系（空宗和有宗）在哲学的根本立场上，宗旨是一致的——都是在传播无生的理论。两派只在方法论上有所区别。一派从空的视角来表述，一派从有的视角来论证。此即所谓殊途同归。

第 45 和 46 这两个颂中的"识"和"心"是同一哲学内涵的词语。"识"是指根本识、藏识；"心"即指不生不灭的真心。"藏识"和"真心"都是佛教哲学家设定的"绝对实在"的代名词。作为藏识，绝对实在是：无生、不动、非物境界、主观客观同一不二、寂静如如；但从自身外化为种种幻象，后者显似有生、有动、有物质境界。作为真心，绝对实在，寂灭不生；心不生故，外现诸法（现象）亦不生起，故一切皆无生。论主说，只有如此理解识与心的奥义的人，才不致犯理论上的错误，堕入思维颠倒网中。

47.　　犹如火炬被摇动，

仿佛似直又似曲；

如是唯识起变动，

似有能执与所执。

48.　　犹如火炬未摇动，

不现影象而无生；

如是心识不动摇，

不起变现而无生。

释：从第47颂起至第52颂，论主采用火炬譬喻来讲唯识理论。先讲第47、48两颂：1)颂中的"唯识"和"心识"都是指第八识（又称：阿赖耶识、根本识、藏识），不是前七识（眼识、耳识、鼻识、舌识、身识、意识、末那识）。2)心识譬如火炬。火炬摇动时，仿佛似有曲直形状。同理，心识变动时，外现似真非真的境界——能执（见分、主观世界）和所执（相分、客观世界）。3)火炬若不摇动，则无曲直形状。同理，心识若不起动，似真非真境界亦不生。

49.　　火炬处于摇动时，
　　　　火势不从他处生；
　　　　火炬灭时不他往，
　　　　亦不入于火炬中。

50.　　火势不离于火炬，
　　　　火势原无实体故；
　　　　识中现起一切法，
　　　　亦复如是无有异。

51.　　心识处于变动时，
　　　　现起影象非他生，
　　　　非离于识住他处，
　　　　亦不进入于识中。

52.　　是诸影象不离识，

以其原非实在故；

又此非具因与果，

幻象永远难思议。

释：这四个颂讲心识现起的影象（似境、似真非真的现象），譬如火炬点燃时出现的火势（火状），仿佛似有生，而实际是无生。

譬喻：1)火炬被摇动时出现的火势不是来自火炬以外的地方；2)火炬熄灭时，火势不会离开火炬而去别处，亦不入于火炬中；3)火势原非实体，依火炬而起；火炬点燃时，则有火势生，火炬熄灭时，则无火势生。

同理：1)心识起动而外现的影象（似境）不是来自心识以外的地方；2)心识不动时，影象不会离开心识而往别处，亦不入于心识中；3)影象原非实在，依心识而有；心识起动，则有影象生，心识不动，则无影象生；而且，影象一生一灭，并无因果关系，而是心识的变动与不动的关系。

故结论是：心生则法生，心灭则法灭；一切唯识，离识无境。

53.　　一物应有一物因，

他物应有他物因；

法有物性或他性，

如是说法不应理。

释：从本颂至第 56 颂再论因果关系的虚妄性质。因果从本质上说是无生的。

本颂先举出论敌所说的"因"的两种情况：1)一物应有其自身之因；2)他物应有其自身之因。这就是说一切事物都有自性或他性。论主认为这些观点都是不合理的。首先，物因不可得："若已有色（物）者，则不用色（物）因；若无有色（物）者，亦不用色（物）因。"①其次，物有三相——生、住、异。物的三相说明：a）物本无常；b）物无自性，他性亦无。因此，合理的解释，应如龙树的论断：

"诸法不自生，亦不从他生，

不共不无因，是故说无生。

如诸法自性，不在于缘中，

以无自性故，他性亦复无。"②

54.　　如是诸法非心生，

心亦不从诸法生；

如是智者所理解，

悟入因果无生中。

释：龙树上述两个颂说明，物（诸法）从缘生，缘生故性空（缘生——"众因缘生法，我说即是空"）。性空意味着物无自性，亦无他性。物无自性、他性，所谓物因自然也不存在。如是没有物因，何来物果？因此，按照第一义谛，诸法（包括心识、因果等）性空，本来无生。心无生故，不生诸法；诸法无生故，亦不引发心生。智者如果能够这样理解诸法无生的胜义，那他就是悟入因果无生的真理中。

55.　　只要执著有因果，

随即出现因与果；

---

① 《中论颂》观五阴品第四，第4颂。

② 同上，观因缘品第一，第3、4颂。

因果之执消灭时，

即无因与果产生。

56.　　只要执著有因果，

生死轮回长相续；

因果之执消灭时，

生死轮回不存在。

释：在上述数颂中，论主已一再阐明诸法性空、因果无生的道理。智者如果准确悟彻此理，便能入于因果无生的真理，获得精神上的彻底解放。因此，论主在这两个颂中提出劝告：人们应像智者那样，悟入诸法性空、因果无生的真理，从而不执因果的存在，摆脱因果的缚束。须知，因果是世间生死法（善、恶因，获善、恶果的有为法）。执著因果的存在，便等于继续去承受生死轮回的折磨。反之，不执著因果，悟知因果无生，即得心灵上的解脱，斩断生死轮回的黑链。

57.　　依俗谛一切有生，

是故一切皆非常；

依自性一切无生，

是故一切皆非断。

释：本颂和下一颂讨论真俗二谛。颂中的"俗谛"即世俗道理。按照世俗道理来说，世间一切事物都有生（有其起点）。既有起点，自然有其终点。起点是"生"，终点是"灭"。有生有灭，便是非常（不是永恒存在）。其次，按照事物自性来说，自性本空，空即无生。无生是永恒的真理，所以说非断（不否定一切存在；或者说，事物本来无生，但按其自身因缘，暂时存在，不会断绝）。

> 58.　　俗谛说有诸法生，
>
> 　　　　真实义上非有生；
>
> 　　　　诸法生起如摩耶，
>
> 　　　　摩耶本身亦非有。

释：本颂的头两句复述上一颂的论点。后两句用幻象（摩耶）譬喻来强调世间事物（诸法）的虚妄性——世间事物的产生正像由魔术变出来的幻象。幻象本身是假存在，世间事物同样无常非真。

> 59.　　如从如幻之种子，
>
> 　　　　产生如幻之幼芽，
>
> 　　　　此事非常又非断。
>
> 　　　　同理诸法皆适用。

释：本颂引用种子与幼芽的譬喻，再次阐明非常非断的道理。

幼芽出自种子。离开种子没有幼芽，但幼芽又不同于种子。幼芽来自种子，故不异于种子；幼芽毕竟不同于种子，故又与种子不一样。这样，不一即是不常，不异即是不断。

种子和幼芽都被说成"如幻"或"幻化"，意即种子和幼芽的关系是虚幻，非真存在。这样，（种子和幼芽）虚幻而假有，故是不断；虚幻而无常，故是不常。这个理论完全适用于说明世间所有事物（诸法）。

> 60.　　是中无生一切法，
>
> 　　　　常与非常名俱灭；
>
> 　　　　凡离文字描述处，
>
> 　　　　不可得言有识别。

释："是中"是说在唯一不二、超验绝对的境界中。"无生一切法"亦即一切法无生。这种境界即是龙树说的"不生不灭，不常不断，不一不异，不来不出"，超越语言文字、概念范畴，因而是"离言说相，离心缘相"——用经验世界的逻辑推理来认识它，是无法奏效的。

这是论主以他的绝对不二论来总结以上所讨论的无生义理，并为以下数颂阐述"心动说"作理论根据。

> 61.　　犹如梦中因摩耶，
>
> 　　　　心动现起似有二；
>
> 　　　　如是醒时因摩耶，
>
> 　　　　心动现起似有二。

> 62.　　无疑心处梦境时，
>
> 　　　　不二而现似有二；
>
> 　　　　无疑心在醒觉时，
>
> 　　　　不二而显似有二。

释：论主曾在本论第三章阐述醒时和梦时都因摩耶（幻象）引起心动、外现两种非真的似境——能见的主观和所见的客观，并论证醒时的两种似境和梦时的两种似境是同一虚妄性质，非真存在。现在，在第 61、62 这两个颂中又重申此义，借以强调他这一理论的重要性和正确性。（参看第三章第 29、30 二颂及释义）

> 63.　　梦者梦里走动时，
>
> 　　　　梦见卵生与湿生，
>
> 　　　　种类繁多诸生物，

常恒生活在十方。

64.　　梦者心中所见境，

非离其心而存在；

正是此一所见境，

梦者内心愿接受。

65.　　醒者活动于醒时，

见到卵生与湿生，

各种各类诸生物，

常恒生活在十方。

66.　　醒者心中所见境，

非离其心而存在；

正是此一所见境，

醒者内心愿接受。

释：上述四个颂重申一切唯心（唯识）的理论。意谓人在醒时所见的景物，不外是从本人"心识"外现出来的，并非离开本人的心识而单独存在（依心识而存在，是似境，非真存在），故能为本人的心识所接受、执著。这和他在梦中所见的一样（依心识而存在，幻妄非真）。这种绝对唯心论观点，常见于佛家经论，特别是《楞伽经》，多处强调"cittamātram vadāmy aham 我说（一切）唯心"。有一个典型的颂（该经梵本 X.01）：

　　"由自心执著，是故心生起；

外在境非有,因此说唯心。”

此中"外在境"包括这里所说的醒时所见境和梦里所见境。

> 67.　　二者彼此互为缘,
> 　　　　请说此是何道理?
> 　　　　二者相空无特征,
> 　　　　囿于成见故计执。

释:本颂讨论心与境(主观与客观)的关系。前文详细地论述了唯心、唯识的无生道理。这基本上是按胜义谛(真谛)说的。但从俗谛上看,仍有心与境关系问题。

颂的前二句。问:"二者"谓心与境,或者说,主观意识与客观对象。"互为缘"即互为条件。心理活动是以外在对象为条件;反之亦然。故心理活动离开外在对象便不存在,外在对象离开心理活动,同样不存在。二者互为条件,相互依存。请问这是什么道理?

后二句。答:二者"相空"。相空,意谓心与境(主观意识和客观对象)并不具有永恒的主体和形式;它们仅有暂时的存在(从根本上说,不存在)。"囿于成见"意谓受过去留下来的错误认识和想法,不能正确地理解心与境的本质,由是计执本来空无主体和特征的心与境为实有的存在。

> 68.　　犹如入梦之生物,
> 　　　　梦见出生与死亡;
> 　　　　如是所有生物界,
> 　　　　既存在又非存在。

69.　　犹如幻变之生物，

　　　现似有生亦有死；

　　　如是所有生物界，

　　　既存在又非存在。

70.　　犹如神变之生物，

　　　现似有生亦有死；

　　　如是所有生物界，

　　　既存在又非存在。

释：前边数颂讲众生醒时和梦时的主、客观世界如幻非真，现在这三个颂（68、69、70）进一步论述，不仅众生的主、客观世界虚妄，就是众生本身也是非实存在。

这三个颂提出三种非实有的生物作为譬喻：1)梦中的生物；2)魔术幻变的生物；3)神通变化的生物。这三种幻有的生物都有一个从生到死（灭）的过程，而这个过程极其短暂。同理，世间事实上活着的众生也和它们一样，有一个存在（生）到非存在（死）的过程；这个过程看似比较长一些，但实质上（从生到死）并无二致。

71.　　既无任何生物生，

　　　亦无彼生之可能；

　　　斯为至上之真理，

　　　是中无有一物生。

72.　　正是此心有所动，

　　　所执能执似有二；

是故此心被称为，

脱离物象常无著。

释：第71、72这两个颂，根据以上一系列关于唯心唯识和无生原理的论述，作出两点结论：1)在第一义谛上——按最上真理，世间无有一物生，亦无生之可能，以一切皆无生故。2)真心(藏识、根本识)本来离诸物象，常恒清净无著，而之所以出现能执所执(主观、客观)两种似境，仅仅由于"心动"(识之变现)罢了。

73.　　分别俗谛说为有，

胜义真谛则非有；

俗谛说有依他起，

真谛理上实非有。

74.　　分别俗谛说无生，

真谛理上无无生；

圆成实故称依他，

俗谛则言彼有生。

释：在第73、74这两个颂里，论主混合使用佛家的中观和唯识的术语来概述真、俗二谛的义理。兹列表说明如下：

真谛 {胜义真谛 / 圆成实} ：非有、无无生

俗谛(分别俗谛)：{有生、无生 / 有、依他起}

真谛，这里有两个同义语——胜义真谛、圆成实，专指设定的超验真理或绝对实在；它的特征和内涵是：非有、无无生。非有即空，以

空故连无生亦被否定,故称为无无生。俗谛,这里有一个同义语——分别俗谛;分别,意谓本非真存在、但妄执为存在,故称为分别俗谛。这是专指经验世间的一切。它的特征和内涵是:有生、无生、有、依他起。此中无生是相对有生而说。经验世间一切事物都有一个生、住、异、灭的过程。这个过程是似真非真,而实质上是无生,非真存在。无生原指真谛特征,为了说明"有生"非生,故"无生"权宜地列在俗谛之内。"有"即存在,"依他起"谓经验世界完全是依赖于其他有关条件或因素而产生、存在、变化,乃至消亡。

75.　　能所二执原非实,

　　　　执著非实故有二;

　　　　觉知二执非有者,

　　　　脱离因相无所生。

76.　　上因下因及中因,

　　　　三者无一可取得;

　　　　心于斯时不生起,

　　　　无因如何会有果?

释:从这两个颂至第82颂,论主总结"能所二执"的理论。第75、76二颂的大意是:1)能执(主观)和所执(客观)这两种现象,本无自性,原非实在;但因错觉,误执为实在,于是便见能执和所执的两种境界。一旦觉悟到能所二执现象原是幻妄非真,即能脱离二执因相的约束,进入无著、无生的境界。因相,即因的作用和制约。2)因的作用有上、中、下——强、中、弱之分。心若不与三因中任何一种发生关系,心即不动、不生;不动、不生,即无二执之因;无因自然无二执之果。

77.　　　无因心中之无生，

平等唯一无有二；

无生一切之心境，

亦复平等无有二。

释:本颂和下一颂讲解除能所二执后的精神世界。本颂的前两句是从因观果:解除能所二执因相制约之心,就是证得无生的心境,显现出平等(于一切法不起分别)、唯一不二、能所二执现象消失。颂的后二句是从果观因:证得无生一切(一切无生)的心境,同样表现出平等、唯一、没有能所二执现象。颂意是说,一旦解除能所二执因相的缚束,无论从因位或果位看,都是一样的平等、唯一、无有二执相。

78.　　　悟知离因性谛理，

其余他因不可得。

由是证得此境界:

无忧无欲亦无畏。

释:本颂继上一颂讲解除能所二执后的精神世界。本颂是从智说果。颂中的"因性"是因相的约束性质,意谓觉知脱离能所二执因相约束的道理,此时其他引生烦恼的因素便随之而消失(不可得),精神世界展示出无忧、无欲、无所畏惧。

79.　　　以固执非实在故，

续向同类外境转；

一旦悟知物非有，

离诸执著不退转。

80.　　执著止息不转起，

心不动摇恒安住；

斯为诸佛妙境界，

平等无生及不二。

释：第79、80这两个颂总结执著和无著（不执著）的两种结果：1)经验世界本非实在，如果错误地妄执为实在，那么就会对类似非实在的外境一直执著下去，不能解脱。2)反之，一旦觉悟到经验世界的非实在性，就会立即中止错误的执著，内心不再转动。这样，脱离执著，住于无著，永不后退（不退转）——心不动摇恒安住。论主评价这时的境界是像"诸佛妙境界，平等无生及不二"。

81.　　无生无睡及无梦，

自身明亮放光芒；

正是此法乃法界，

本然顿遍宇宙间。

释：本颂接上一颂，继续描述"诸佛妙境界"。颂中"法界"是宇宙的本原，精神世界和物质世界的产生、存在、衰变和消亡的总根源。它自身本然发射出光芒万丈的神光，照耀天上人间，宇宙十方。"法界"是佛家哲学范畴中的最高范畴。一旦脱离执著，便能悟证法界；这是强调"不执著"的重要性。

82.　　乐（因执著）恒关闭，

苦（因执著）常开放。

摄持所有种种法，

正是有德薄伽梵。

释：本颂是总结"执著"和"无著"的最后一颂。颂的前两句：经验世间的事物，虽然纷繁复杂，但总的说来不外两类，即乐事与苦事。芸芸众生，艰苦奋斗，夜以继日地拼搏追求的，无疑为了自己幸福的乐事，而不是苦事。然而，总是事与愿违，得到的不是乐，而是苦——乐事的源头被堵塞，苦事的源头被开放。这是为什么？原来不得乐而得苦的根本原因在于心中的错误观念，即对非实在的东西，妄执为实在，引生精神上的无穷的烦恼。

颂的后二句："摄持"亦称"总持"，意即统摄、支配；谓对宇宙万有的客观规律的支配。这就是上一颂中的"法界"。"薄伽梵"是梵语 Bhagavān 的音译，意为"有德者"，通常作为对德高望重的仙人、道者、哲学家的尊称。佛经中常译作"世尊"，专用于称呼佛陀。"有德薄伽梵"是意译和音译合用，这里不是普通名词，而是哲学用语，即"法界"。正是法界统摄世间种种法、支配着自然界的客观规律。其次，颂的前二句是俗谛义，后二句是真谛义。"法界"就是绝对实在、超验真理，在那里绝对不存在相对或矛盾的现象，包括乐与苦。

83.　　有无以及有无俱，
　　　　复加非有与非无；
　　　　动静二俱或非有，
　　　　凡愚以此蒙障蔽。

84.　　如是称为四边际，
　　　　执此四者常障蔽；
　　　　有德与此无接触，

洞见斯理曰遍知。

释:第 83、84 这两个颂专门讨论"四句哲学模式"。这个模式亦称"四句、四边、四法、四义",但一般叫做"四句义"。这里举"有无"和"动静"为例。

1)有无四句义:

　1. 有;　　3. 亦有亦无;

　2. 无;　　4. 非有非无。

2)动静四句义:

　1. 动;　　3. 亦动亦静;

　2. 静;　　4. 非动非静。

四句义,实际上就是四种见解,是印度哲学著名的理论模式——一切哲学观点,总括起来,不出这个四句模式。佛教哲学家批判这四种观点,认为是外道见解。论主乔荼波陀显然同意佛家的批判,故说"凡愚以此蒙障蔽"。"凡愚"泛指一般没有哲学修养的群众或某些有顽固偏见的非佛教徒或外道,他们没能理解这四种见解的非正确性,因而在观察事物过程中,受到蒙蔽——执有,或执无,或执亦有亦无,或执非有非无。"有德与此无接触","有德"论主的意思似是指大乘佛教哲学家和像论主本人的不二吠檀多论师,他们批判四句义,不执这四种观点任何一种,所以被称赞为"遍知"——有大智慧者。

85.　　已得圆满一切智,

　　　婆罗门位及不二,

　　　无初无中无后际;

　　　舍此尚有何欲求?

释:本颂对上一颂讲的"遍知"作进一步的阐述。"遍知"有如下几个重要特征:1)圆满一切智。一切智,全称为"一切种智",是佛的智慧,以其能了知"法界"中一切世出世间法,故称一切智。2)婆罗门位。梵语 Brāhmaṇa,音译"婆罗门(人、种姓)",亦作"梵志",一般指信奉梵天的婆罗门教的婆罗门种姓教徒。本颂取其意译:"寂静、清净、离欲"等意义。婆罗门位,即是"寂静境界"。3)不二,即唯一不二、一切平等。4)无初、中、后际。前三种特征说明"遍知"不受空间限制,第 4 个特征(无前际、中际、后际)说明不受时间限制。从主观角度说,这是最高的智慧;从客观角度说,这是最神圣的境界。对一个真诚追求真理和解脱的人说来,这是最高的目的和要求;舍此,别无他求。

86.　　　此乃婆罗门戒律,

　　　　称为自性之寂静;

　　　　自性调顺故调伏,

　　　　如是知者达寂静。

释:本颂接上一颂讲婆罗门位的获得和作用。"婆罗门戒律"意即"净行的严格纪律与锻炼",也就是获取婆罗门位的重要手段。这又叫做"自性(自然)之寂静"。由于净行功夫,精进深入,内心得到调顺、安稳,从而调伏了一切不净的精神现象。如是理解和实践的人,自然获得内心的寂静与安宁。

87.　　　具物质而可得者,

　　　　称为有二世间事;

　　　　非物质而可得者,

　　　　称为清净世间事。

88.　　非物质不可得者，

牢记此乃超世事；

须知能知与所知，

常为诸佛所宣说。

89.　　能知所知有三重，

依次本身被了知；

一切种智遍一切，

是为此间大智者。

释：第87、88、89三个颂阐述世间（经验世界）和出世间（超验世界）认识的区别及其作用。1）具物体而可得的认识，又叫做有二的世间事。有二，即能知（主观）和所知（客观）二者接触而产生的认识（感性认识）。2）无物体而可得的认识。无实体，即抽象概念，作为意识内在接触的对象，由此产生抽象的认识（理性认识）。3）非物质而不可得的认识。这是超验意识和超验境界接触而产生的超验认识，即所谓清净世间事，超乎经验世间的凡夫俗子理解智力之外的境界。4）以上三种认识，无论世间的或出世间的，都是由能知（主观）和所知（客观）二者接触而产生的认识；这又叫做“能知所知三重认识”。在这三重认识之上，还有一种超验认识，称为“一切种智”。这是世间大智者佛陀的智慧的名称，是至高无上的超验认识——遍知，谓宇宙万有及其变化规律无不了知（参见第85颂）。

90.　　应从大乘法了解：

应断、知、得及应熟；

是中除应知境外，

合有三重可得者。

释：本颂劝告人们应该学习、了解大乘法。论主在上边所作的一系列论述，基本上是大乘空有二宗的观点。很显然，他本人深受佛家大乘法的影响，从中吸取了不少的理论"养料"。他在这里强调要从大乘法了解开始，是自然的。

颂中的"大乘法"似指无著所著的《大乘庄严经论》，应从此论了解四种情况，即所断、所知、所得、所熟。"所断、所知"是指依他起性和遍计执性；"所得"是指圆满成就的"法界"；"所熟"是指持律修行，达到熟练无失的程度；这主要是就持戒者自身而言，而不是说他人。其次，"所断、所知、所得、所熟"四者中，除第二"所知"不计外，其余三项均有与之接触而被感知的作用（感知所断、所得、所熟）。为什么不把"所知"放在内？"所知"在这里是指妄想或遍计所执境界，不是真实，不可感知；正如空中楼阁，非真存在；只是一种幻想，一个假名，无法感知，故没有"可缘、可感知"的功能。

91.　　"所知"之境性如空，

　　　一切诸法皆无始，

　　　种种差别亦非有，

　　　是中无处无少物。

释：本颂解释"所知"境为什么不能有"可缘、可感知"的客观对象的作用。

颂中的"所知"之境，即"一切诸法"。一切法（所知）原无自性，犹如虚空，无始无终，无有差别，非实在（无处），非物质（无少物；如水中月、空中花；总之，如梦、幻、泡、影，故不能作"可被感知"的对象）。又"所知"包括梦时境界和醒时现实，按论主的绝对无分别不二论,这两种境界同样虚妄,非真存在,同样不能认为可作"被感知"的对象。

92.　　　诸法按其自性说,

　　　　　原初觉者早觉知;

　　　　　对此凡能堪忍者,

　　　　　是为不死作准备。

　　释:本颂指出前边阐述了许多关于诸法无自性、一切法皆空的理论,实际上早就为觉者们(诸佛)所了解、所宣说。

　　颂的头两句:梵语原文 ādibuddhāḥ似有二解:1)最初觉者;2)最初认识、早已觉知。译文兼采二义:"按照诸法自性本空来说,早已为最初觉者们(诸佛)所认识、所宣讲。"颂的后两句:"堪忍者"指虔诚信受者;"不死"即涅槃寂静。意谓"凡是能够诚心实意地信受诸法无自性、诸法性空的道理的人,他是在为取证涅槃作准备"。

93.　　　原初寂静及不生,

　　　　　以自性故善寂灭;

　　　　　诸法平等非有异,

　　　　　无生正等无怖畏。

　　释:本颂继续表述诸法性空的超验境界。颂中的"原初寂静"意即本来寂静;"不生"意即不起不动;"善寂灭"意即寂灭的完善状态;"正等"即正常平稳;"无怖畏"意为威德无边,无所畏惧。整个颂意是:"诸法无自性故,本来就是寂静、不动不生、寂灭完美。诸法本来寂静,所以表现出一切平等,无少差别,平稳正常,威德无边,无所畏惧"。后一义——威德无边、无所畏惧,亦指证得这种超验境界的圣者。

94.　　正是缺乏无怖畏，

　　　　常时徘徊差别中；

　　　　陷入差别分别论，

　　　　因此名为可怜人。

95.　　若于无生正等中，

　　　　有能善解其义理，

　　　　彼即世间大智人，

　　　　凡愚对此未知晓。

释:第94、95两颂的大意是:1)和第93颂讲的无怖畏的觉者对比,这里讲有怖畏的愚者。这类可怜人不识诸法性空,平等无有差别的道理,徘徊、乃至陷入差别、分别的妄执泥潭。2)反之,如果有人在无生、平等的理论中善于领会其真义,他可以称作世间的大智者。

96.　　确认无生之智慧，

　　　　不在无生法中转；

　　　　由是称赞此智慧，

　　　　无所去来及无著。

97.　　无智庸人作是想：

　　　　仅有微量异法生；

　　　　此亦永非无著境，

　　　　遑论消除诸障碍。

释:第96、97二颂讲智慧与无智慧的对比。1)无生之智慧观察诸法性空，无生、平等，故不会在无生诸法中进行分别、计执（转）。无生智慧是无生的主观世界，无生诸法是无生的客观世界；主、客同一无生，圆融不二。这种智慧被称为无所去来（不动、寂静），无所执著。2）与此相反，无智慧的庸人于无生法中执有少法生。论主认为，即使如此（执微量异法生），亦不是无著的清净境界，不能消除障碍。

> 98.　　原无障碍一切法，
> 　　　　自性本然离尘垢，
> 　　　　原初知识与解脱；
> 　　　　导师佛陀如是知。

　　释：本颂再描述诸法本性的超验特征。颂中的"原初知识"意谓诸法本性从一开始就为觉者所知道。"解脱"意即清净、寂静。颂意是："诸法性空，原无障碍（平等无分别），天然清净离垢。诸法自性是解脱、涅槃，早为觉者所认识。这是佛陀所知的诸法性空的道理。"

> 99.　　善护众生之觉者，
> 　　　　其智不著于诸法；
> 　　　　如是一切法与智，
> 　　　　佛陀实际未宣说。

　　释：本颂是本书第四章第 99 颂，也是两个结尾颂的一个颂。它总述本论论主乔荼波陀在他这 4 章书中采用佛家大乘空有二宗的理论和范畴构建自己的绝对无分别不二论，并说明他如何正确地了解、赞叹佛教佛祖释迦佛陀的"说无所说"的说法的态度和风格。

颂中的"觉者"即指佛陀而言；"智"是智慧、知识；"诸法"指世间和出世间的经验和超验的具体的和抽象的事理。颂意谓，"善护众生的佛陀，宣讲了经验世界和超验世界的一切事理，但他的智慧并没有认为他说了一字或一法，故曰：佛陀实际未宣说"。这与佛陀在《金刚般若波罗密经》的"说法者，无法可说，是名说法"的态度是一致的。龙树也曾十分正确评论佛的说法态度：

> "诸法不可得，灭一切戏论，
>
> 无人亦无处，佛亦无所说"。①

100.　　难遇甚深与无生，

正等无畏及非异，

如是道理悟知己，

我等如力致敬礼。

释：本颂是两个结尾颂的第二个，也是本书最后一个颂。它描述论主乔荼波陀理解、接受佛家的大乘道理后，对佛陀及其大乘教义俯首合什，行致敬礼，表示衷心的尊敬和感谢。

颂中的"难遇、甚深、无生、正等、无畏、非异"都是赞美大乘道理的定语。"力"似指五力——信力、精进力、念力、定力、慧力。颂意谓："佛家的大乘道理是世上难遇、甚深、无生、正等、无畏、无差别的真理。我等领会悟知后，如力向佛世尊及其大乘教义行最敬礼，以表示我们内心的虔诚和感谢！"

---

①　《中论颂》观涅槃品第二十五，第24颂。

附　录

蛙 氏 奥 义

一

唵（Om），此字（akṣara）[1]即此一切；它的解释是：过去、现在、未来；一切唯此唵字。此外，超越三世者[2]，亦惟此唵字。

二

一切皆此梵，此我即是梵，此我有四足。

三

醒位即外慧，有七支[3]、十九口[4]，食粗食，是宇宙人；是为第一

---

[1]　akṣara 有二义：一是"字"，一是"不可灭"。这里似同时表示二义："不可灭的唵字。"

[2]　亦见于《白骡奥义》Ⅵ.5。

[3]　宇宙人在《歌者奥义》里有十一支（肢）：头顶、眼睛、呼吸、身体、膀胱、双足、胸脯、头发、心、意、口。这里仅说七支，未明确哪七支。

[4]　十九口：五根（感官）：眼、耳、鼻、舌、身；五作根：口、手、生殖器、肛门、足；五气：呼吸、全气（全身气流）、下气、中气、上气；意、知、我根、思维。《疑问奥义》Ⅳ.8；Ⅵ.4。《慈氏奥义》Ⅵ.33。

足。

四

梦位即内慧,有七支、十九口,食细食,具炽热;是为第二足。

五

睡眠中,欲无所欲,不见梦境①,此为熟睡。熟睡位是统一②的智慧密集③,具有喜悦④,享受喜悦;以心思为口,是有慧,是为第三足。

六

此乃一切主⑤。此是一切智⑥,是内在控制者⑦,是一切之母⑧,众生之生与灭。⑨

七

非内慧,非外慧,非内外慧,非慧密集,非慧,非非慧;不可见,无所设施,无所执著;无相,不可思,不可名,一我缘真实,息灭戏

---

① 《广林奥义》Ⅳ.3.19。
② 同上书Ⅳ.4.2。
③ 同上书Ⅳ.5.13。
④ 《鹧鸪氏奥义》Ⅱ.8.1;Ⅲ.10.5。
⑤ 《广林奥义》Ⅳ.4.22。
⑥ 《秃顶奥义》Ⅰ.1.9;Ⅱ.2.7。
⑦ 《广林奥义》Ⅲ.7。
⑧ Yoni(母)直译即"子宫"。
⑨ 《石氏奥义》Ⅵ.11。

论,寂静,吉祥,不二,以为第四①;是为我,是应知。

八

此我,依字说,即是唵字(aum);依音说,足即是音,音即是足——阿音(a)、乌音(u)、摩音(m)。②

九

醒位,宇宙人,[代号是]阿字(a),第一音,由于它的遍在,或者由于它居于第一。如是知者,将会实现所有愿望,并得第一。

十

梦位,炽热,[代号是]乌字(u),第二音,由于它的读音升高,或者由于它在二音之间。他高声唱颂智之相续,并成为平等。如是知者,不会投生于不知梵的家族。

十一

熟睡位,有慧,[代号是]摩字(m),第三音,由于它的建立,或者由于它的没入。它的确建立这一切,并且没入其中。他是如是知者。

---

①　"第四"(超意识状态)caturtha 是一个普通的序数词。在《广林奥义》中(V.14.3、4、7)写作 turiya,而在《慈氏奥义》则作 turya。在以后的哲学著作中,前者(turi-ya)成为通用的术语。

②　梵语元音"o"是一个复合元音,从"a+u"压缩而成。故 om 可以分解为三个成分——a+u+m,即 om 也可写作 aum。

十二

第四位，无音，无所设施，息灭，吉祥，不二，如是唵字即是我；如是知者，便能以我入我。

术　语　表

（中文与梵文对照）

---

① 本表术语特按章序和颂序排列,方便查阅核对,但条目偶有重复。

图书在版编目(CIP)数据

圣教论/(印)乔荼波陀著;巫白慧译释.—北京:商
务印书馆,2024
(中外哲学典籍大全.外国哲学典籍卷)
ISBN 978 - 7 - 100 - 22951 - 7

Ⅰ.①圣… Ⅱ.①乔… ②巫… Ⅲ.①婆罗门
教—宗教经典 Ⅳ.①B982

中国国家版本馆 CIP 数据核字(2023)第 170241 号

中外哲学典籍大全 · 外国哲学典籍卷

圣教论

〔印度〕乔荼波陀 著

巫白慧 译释

商 务 印 书 馆 出 版
(北京王府井大街36号 邮政编码100710)
商 务 印 书 馆 发 行
北 京 通 州 皇 家 印 刷 厂 印 刷
ISBN 978 - 7 - 100 - 22951 - 7

2024 年 3 月第 1 版 开本 710×1000 1/16
2024 年 3 月北京第 1 次印刷 印张 14½
定价:66.00 元

中外哲学典籍大全

总主编 李铁映 王伟光

外国哲学典籍卷

奥 义 书

黄宝生 译

商务印书馆
The Commercial Press

UPANIṢAD